# SOMMERLICHE GERICHTE

Meister Verlag GmbH

# Inhalt

# Sommerliche Gerichte aus aller Welt

*Wenn das Thermometer klettert, ist es Zeit für frische Salate, kalte Suppen, gegrillten Fisch und mariniertes Fleisch. Viele Nationen laden Sie ein, ihre Köstlichkeiten kennenzulernen.*

## Mittelmeerraum & Westeuropa

**Nichts prägt die mediterrane Küche stärker** als leichte, frische Speisen. Denn in den sonnenverwöhnten Küstenregionen Frankreichs, Italiens oder Griechenlands ist die Auswahl an Auberginen, Tomaten, Zucchini und Blattsalaten bunt und üppig. Fangfrischer Fisch und Meeresfrüchte ergänzen den Genuß. Veredelt mit Olivenöl und Kräutern kommt so der Sommer auf den Tisch.

## Osteuropa

**Sommerzeit in Estland** ist Beerenzeit. Die Einwohner des baltischen Landes sammeln die kleinen aromatischen Früchte vor allem, um Säfte für den Wintervorrat, köstliche Desserts und aromatische Obstbrände daraus herzustellen.

## Asien & Ferner Osten

**Im Sonnenparadies** Thailand serviert man Gemüse gern in Kokosmilch gegart. Auch in der indischen Küche sorgt die große Nuß für den typischen Geschmack der Gerichte.

## Nord- & Mitteleuropa

**Wenn die Zeit** der lauen Sommerabende kommt, läßt es sich wieder im Freien schmausen. Grillpartys im Garten und Picknicks im Park sorgen für Urlaubsstimmung. Rezeptideen

## Neue Welt

gibt es genug: Marinierter kalter Kalbsbraten, Quarkauflauf mit Marillensauce aus Österreich oder Käsesalat, wie er den Dänen nicht nur in der Mittsommernacht schmeckt.

**Der Geschmack der Tropen** ist auch in den USA zu finden: Auf Hawaii verleihen Ananas und Orangen pikanten Speisen ihr feines Aroma. Und in Neuseeland liebt man die leckere Kombination von Obst und Fleisch: Zu den Spezialitäten zählt dort Lamm mit Kiwis.

## Mittel- & Südamerika

**Feurige Speisen und eisgekühlte Cocktails** – das ist Lebensart auf lateinamerikanisch. In Mexiko gibt es den Tequila-Cocktail »Margarita« zu Burritos mit Gemüse, in Kolumbien weiß man eine »Piña Colada« mit weißem Rum als Aperitif zu schätzen, und in Brasilien trinkt man am liebsten »Caipirinha« aus Zuckerrohrschnaps als Begleitung zum Gemüse-Bananen-Auflauf.

## Afrika & Naher Osten

**Knusprig Gegrilltes** vom Spieß gehört zu den Leibgerichten der Iraner, und zwar zu jeder Jahreszeit. Für den besonderen Pfiff sorgen die typisch orientalischen Gewürze, mit denen man auch im Nachbarland Syrien gern verschwenderisch umgeht.

# MARINIERTES SCHWEINEFLEISCH »LISSABON«

PORTUGAL

## ZUTATEN
(Für 4 Portionen)

- 800 g Schweinelende
- 150 g Räucherspeck
- 4 EL Olivenöl
- 600 g neue Kartoffeln
- 1 unbehandelte Zitrone
- Salz, schwarzer Pfeffer

### FÜR DIE MARINADE
- 4 Knoblauchzehen
- 1 TL Korianderkörner
- 2-3 Lorbeerblätter (siehe Zutatentip)
- ½ Chilischote
- 300 ml trockener Weißwein

### AUSSERDEM
- 1 Bund Petersilie

### ZUTATENTIP
Frische Lorbeerblätter eignen sich für dieses Gericht besonders gut. Sie erhalten sie als Sträußchen auf Märkten oder beim Gemüsehändler.

*Mit Kartoffeln und Speck im Ofen langsam geschmort, wird das Schweinefleisch wunderbar aromatisch und bleibt schön saftig. Ein Gericht, das sich hervorragend für Gäste eignet.*

1 Fleisch in Würfel schneiden. Für die Marinade Knoblauch schälen und halbieren. Koriander, Lorbeerblätter und Chilischote in eine Schüssel geben, mit Wein begießen und das Fleisch hinzufügen. 24 Stunden zugedeckt in den Kühlschrank stellen, zwischendurch das Fleisch mehrmals wenden.

Schritt 1

2 Backofen auf 180 °C vorheizen. Speck von Schwarte sowie Knorpeln befreien und in sehr dünne Scheiben schneiden (siehe Kochtip). Fleisch aus der Marinade nehmen und mit Küchenpapier trockentupfen. Öl in einem feuerfesten Schmortopf erhitzen, und Fleisch sowie Speck darin rundherum kräftig anbraten. Mit der Marinade ablöschen.

Schritt 3

3 Kartoffeln unter fließendem Wasser sauber bürsten. In etwa 3 cm große Würfel schneiden. Die Zitrone heiß waschen und trockenreiben, in feine Scheiben schneiden. Mit den Kartoffeln unter das Fleisch mischen.

Schritt 4

4 Im Ofen (Gas 2; Umluft 160 °C) zugedeckt 1½ Stunden schmoren, dabei gelegentlich umrühren. Dann offen in 30 Minuten fertiggaren. Mit Salz und Pfeffer würzen. Petersilie waschen und trockenschütteln. Blättchen hacken, über das Gericht streuen.

Zubereiten 35 Min.
Marinieren 24 Std. Garen 2 Std.
Pro Portion: 615 kcal/2570 kJ; 32 g EW; 39 g F; 24 g KH

### TYPISCH PORTUGIESISCH
Schweinefleisch ist in Portugals Hauptstadt äußerst populär. Das war nicht immer so, wie alte Zierkacheln an den Häusern verraten. Oft sind darauf Fische abgebildet, doch der Überfluß an Meeresbewohnern hat die Lissabonner geschmäcklerisch gemacht – sie bevorzugen Fleisch, weil es als etwas Besonderes gilt.

## Kochtip

Der Speck läßt sich leichter in dünne Scheiben schneiden, wenn Sie ihn zuvor in Alufolie verpacken und für etwa 1 Stunde in das Gefrierfach legen. Die dünnen Scheiben sind wichtig, damit sich der feine Speckgeschmack gut auf das gesamte Schmorgericht verteilt, ohne zu dominieren.

## Serviertip

Als Dessert servieren Sie in etwas Butter und Portwein gebackene Äpfel mit Quittengelee und Mandelblättchen.

Als Getränk paßt ein junger, frischer Weißwein dazu, wie der Vinho verde aus Nord-Portugal.

# ARTISCHOCKEN MIT LAMMKOTELETTS

FRANKREICH

*Kleine, zarte Artischocken, in einem würzigen Fond gegart und mit saftigen Lammkoteletts serviert, sind ein Sommeressen, das leicht gelingt, nicht belastet und einfach köstlich schmeckt.*

## ZUTATEN
(Für 4 Portionen)

- 12-16 kleine Artischocken (siehe Zutatentip)
- Saft von 1 Zitrone
- 12 Knoblauchzehen
- 5 EL Olivenöl
- ⅛ l trockener Weißwein
- ⅛ l Kalbsfond (aus dem Glas)
- Salz, schwarzer Pfeffer
- 12-16 Lammkoteletts (je nach Größe)

## ZUTATENTIP

Kleine Artischocken aus Spanien, Frankreich und Italien haben spitzere Knospen und schmalere Blütenböden als die dicken fleischigen. Falls Sie nicht sicher sind, ob man die Artischocken im Ganzen garen kann, fragen Sie den Verkäufer. Wer sie nicht frisch bekommt, nimmt Artischockenherzen aus dem Glas.

1 Die äußeren harten Blätter der Artischocken entfernen. Den oberen Teil der verbliebenen Blätter mit einer Schere abschneiden. Die Artischocken längs halbieren und mit der Hälfte des Zitronensaftes beträufeln, damit sie sich nicht verfärben.

Schritt 1

2 Falls vorhanden, das »Heu«, das auf dem fleischigen Artischockenboden sitzt, mit einem Messer abschneiden und herauslösen. Den Knoblauch schälen und fein würfeln.

3 In einer großen, schweren Pfanne 3 EL Olivenöl erhitzen. Die Artischocken darin unter gelegentlichem Rühren bei mittlerer Hitze 5 Minuten braten. Den Wein und den Kalbsfond angießen, die Artischocken mit dem übrigen Zitronensaft, Knoblauch, Salz und Pfeffer würzen und weitere 10 Minuten bei mittlerer Hitze schmoren (siehe Kochtip).

Schritt 3

4 Inzwischen das restliche Öl in einer schweren Pfanne erhitzen. Die Lammkoteletts darin auf jeder Seite 4 Minuten braten. Mit Salz und Pfeffer würzen und zu den Artischocken servieren.

Schritt 4

Zubereiten **50** Min.

Pro Portion: 685 kcal/2855 kJ; 25 g EW; 61 g F; 4 g KH

## TYPISCH FRANZÖSISCH

In der Artischocke sah schon der französische Adel des 18. Jahrhunderts eine standesgemäße Delikatesse. Kein Wunder, schrieb man ihr doch eine liebesbeflügelnde Wirkung zu. Auch heutzutage kennt die französische Küche viele Zubereitungsarten für die blattreiche Knospe des graugrünen Distelgewächses.

## Kochtip

Wenn Sie Artischocken aus dem Glas verwenden, gehen Sie folgendermaßen vor: Öl in einer Pfanne erhitzen, Knoblauch darin anbraten. Wein und Kalbsfond angießen. Mit Zitronensaft, Salz sowie Pfeffer abschmecken und 10 Minuten köcheln lassen. Die Artischocken dazugeben und in dem Fond erhitzen.

## Serviertip

In Frankreich serviert man zu allen Gerichten frisches Brot. Gut schmeckt dazu Tomatensalat mit Zwiebeln.

Als Getränk paßt sehr gut ein vollmundiger Rotwein von der Loire oder aus dem Rhône-Tal.

**SERVIERTIP** Servieren Sie als Vorspeise eine reife, geviertelte Galia-Melone mit Parmaschinken belegt.

Als Getränk paßt gut Weißwein, zum Beispiel ein Orvieto oder ein Frascati aus dem Latium.

# PUTENBRUST-MOZZARELLA-GRATIN

ITALIEN

*Im Handumdrehen vorbereitet und ganz unkompliziert im Backofen gegart, ist dieses italienische Gratin ideal für einen lauen Sommerabend mit Freunden auf der Terrasse.*

## ZUTATEN

(Für 4 Portionen)

- 4 Putenbrustschnitzel (je etwa 150 g)
- Salz, weißer Pfeffer
- 1 EL Mehl
- 2 EL Olivenöl
- 4 Fleischtomaten (etwa 500 g)
- 2 Knoblauchzehen
- je 1 großes Bund Basilikum und Petersilie
- einige Zweige frischer Thymian
- 250 g Mozzarella (siehe Zutatentip)

### AUSSERDEM

- Frischhaltefolie

## ZUTATENTIP

Mozzarella wird aus Kuh- oder Büffelmilch hergestellt. Der Büffelmilch-Weißkäse schmeckt zwar besonders gut, ist allerdings auch teurer.

1 Backofen auf 220 °C vorheizen. Putenbrust zwischen 2 Lagen Frischhaltefolie legen und mit dem Handballen etwas flachdrücken, mit Salz und Pfeffer würzen und mit dem Mehl bestäuben. 1 EL Öl in einer Pfanne erhitzen. Die Schnitzel darin auf jeder Seite 1 Minute braten, herausnehmen und nebeneinander in eine große feuerfeste Form legen.

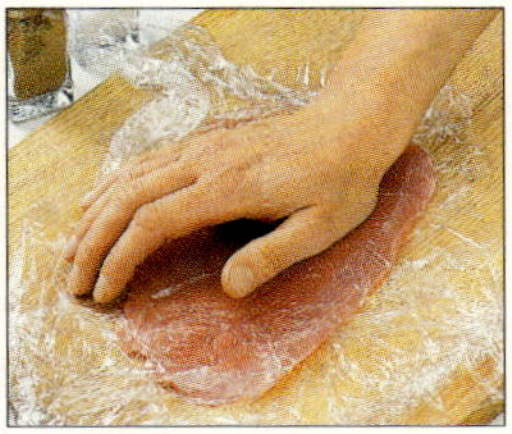

Schritt 1

2 Tomaten waschen und in dünne Scheiben schneiden. Knoblauch schälen und fein hacken. Kräuter waschen und trockenschütteln. Basilikum und Petersilie fein hacken, Thymianblättchen von den Zweigen streifen. Mozzarella in feine Scheiben schneiden.

Schritt 2

3 Tomaten und Mozzarella dachziegelartig abwechselnd in die Form auf die Putenschnitzel schichten. Dabei jeweils mit den Kräutern bestreuen und mit Salz und Pfeffer würzen. Mit dem übrigen Öl beträufeln.

Schritt 3

4 Im Ofen (Gas 3; Umluft 200 °C) etwa 20 Minuten backen, bis der Mozzarella zerlaufen und leicht gebräunt ist.

Zubereiten **15** Min. Garen **20** Min.

Pro Portion: 370 kcal/1560 kJ; 50 g EW; 17 g F; 5 g KH

## TYPISCH ITALIENISCH

Vor allem im Süden Italiens gehört Mozzarella in zahlreiche Gerichte: mal sanft geschmolzen auf Pizza oder Fleisch, mal kalt im Salat. Die Küstenregionen Kampanien und Latium liefern den Brühkäse in bester Qualität. Dort wird er traditionsgemäß aus Büffelmilch gewonnen.

# SCHWEINELENDE MIT ROSMARIN

ITALIEN

*Ganz einfach zuzubereiten und absolut köstlich – zarte Schweinelende mit frischem Rosmarin, Knoblauch und Zitrone aromatisiert und in trockenem Weißwein sanft geschmort.*

## ZUTATEN
(Für 4 Portionen)

- 800 g Schweinelende (siehe Zutatentip)
- 3 Knoblauchzehen
- ½ unbehandelte Zitrone
- 2 EL Olivenöl
- Salz, schwarzer Pfeffer
- 6-8 frische Zweige Rosmarin
- ⅛ l trockener Weißwein

**AUSSERDEM**

- Küchengarn, Alufolie
- nach Belieben etwas Weißwein für die Sauce
- Zitronenspalten zum Garnieren

### ZUTATENTIP

Die Lende ist eines der wertvollsten Fleischteile vom Schwein, die es nicht immer bei jedem Metzger zu kaufen gibt. Sie können statt dessen ein ausgelöstes Kotelettstück oder Schweinenuß nehmen.

1 Die Schweinelende von den Sehnen befreien. Knoblauch schälen und hacken. Zitronenhälfte heiß waschen, trockenreiben und die Schale fein abreiben. Die Zitrone dann schälen und das Fruchtfleisch würfeln, dabei die Kerne entfernen. Knoblauch mit Zitronenfruchtfleisch und 1 EL Olivenöl im Mixer pürieren. Mit Zitronenschale, Salz und Pfeffer würzen und das Fleisch rundherum damit einreiben.

Schritt 2

2 Die Schweinelende mit Küchengarn rund binden. Die Rosmarinzweige waschen und mit Küchenpapier sehr gut trockentupfen. Dann unter das Küchengarn stecken.

Schritt 3

3 Restliches Öl in einem Schmortopf erhitzen. Schweinelende darin rundherum braun anbraten. Dann den Wein angießen. Das Fleisch zugedeckt bei mittlerer bis schwacher Hitze 45 Minuten schmoren.

Schritt 4

4 Fleisch herausnehmen und in Alufolie gewickelt 5-10 Minuten ruhen lassen. Sauce eventuell noch mit Wein verlängern und abschmecken. Fleisch vom Küchengarn befreien, in Scheiben schneiden und in Sauce servieren. Mit Zitronenspalten garnieren.

**Zubereiten 20 Min. Garen 45 Min. Ruhen 10 Min.**

Pro Portion: 365 kcal/1530 kJ; 41 g EW; 20 g F; 1 g KH

### TYPISCH UMBRISCH

In Italien verstehen sich vor allem die umbrischen Metzger meisterlich auf die Herstellung und Verarbeitung von Schweinefleisch. Denn während in den restlichen Landesteilen hauptsächlich Kalb, Rind und Geflügel auf dem Tisch stehen, zieht man in der mittelitalienischen Region das Fleisch des Borstenviehs vor.

## Kochtip

Wer möchte, kann die Lende auch im Backofen zubereiten: Den Ofen auf 220 °C vorheizen und die Lende 15 Minuten (Gas 4; Umluft 200 °C) garen, dann bei 180 °C (Gas 2; Umluft 160 °C) in 30-40 Minuten fertiggaren. Legen Sie außerdem zusätzlich noch mediterranes Gemüse, wie Zucchini, mit in den Topf.

## Serviertip

In Italien ißt man dazu gekochte, in Olivenöl gebratene Kartoffeln und gedünsteten Blattspinat.

Als Getränk reichen Sie zur Lende am besten einen leichten jungen Chianti oder Lambrusco.

# SOUVLÁKI AUF TOMATENREIS

GRIECHENLAND

*Kalbfleisch-Zucchini-Spießchen ziehen einige Zeit in einer säuerlichen Kräutermarinade, bevor sie gegrillt werden. Eine griechische Spezialität für Grillpartys in Haus und Garten.*

## ZUTATEN
(Für 4 Portionen)

- 600 g Kalbslende
- 3 kleine Zucchini (siehe Zutatentip)

**FÜR DIE MARINADE**

- je ½ Bund Majoran und Thymian
- 1 Bund Petersilie
- 1 unbehandelte Zitrone
- 4 EL Olivenöl
- Salz, weißer Pfeffer

**FÜR DEN TOMATENREIS**

- 200 g Langkornreis, Salz
- 1 Fleischtomate
- 1 EL Tomatenmark

**AUSSERDEM**

- 8 Grillspieße

## ZUTATENTIP

Je kleiner Zucchini sind, desto feiner schmecken sie. Wer nur große bekommt, halbiert sie längs und schneidet die Hälften in Stücke.

1 Kalbslende in 1½ cm große Würfel schneiden. Zucchini waschen, putzen, dann in 1 cm dicke Scheiben schneiden. Fleisch und Zucchini abwechselnd auf Grillspieße stecken und nebeneinander auf eine Platte legen.

Schritt 1

2 Für die Marinade Kräuter waschen und trockenschütteln. Blättchen von den Stielen zupfen und fein hacken. Zitrone waschen, trockenreiben und dünn schälen. Die Schale fein schneiden, den Saft auspressen. Saft mit Schale, Kräutern, Öl, Salz und Pfeffer verrühren. Über die Spieße verteilen (siehe Kochtip). 4 Stunden marinieren, zwischendurch mehrmals wenden.

Schritt 2

3 Falls verwendet, den Holzkohlegrill aufheizen. Reis mit 300 ml Wasser und Salz in einen Topf geben. Tomate blanchieren, enthäuten, kleinwürfeln und mit dem Tomatenmark unter den Reis mischen. Aufkochen und zugedeckt bei schwacher Hitze in etwa 20 Minuten körnig ausquellen lassen, eventuell noch etwas Wasser zugeben.

Schritt 3

4 Den Tisch- oder Backofengrill aufheizen. Die Spieße auf dem Grill etwa 10 Minuten grillen, dabei mehrfach wenden. Auf dem Tomatenreis servieren.

Zubereiten **25** Min.
Marinieren **4** Std.
Garen **30** Min.
Pro Portion: 430 kcal/1805 kJ; 36 g EW; 13 g F; 42 g KH

## TYPISCH GRIECHISCH

Grillfleisch vom Spieß ist schon fast ein Synonym für griechisches Essen. In Athen und dessen Umland, wo Ferkel und Ziegen auch im Ganzen gegrillt werden, stand es schon immer hoch im Kurs. Doch einen Großteil der griechischen Inselwelt konnten Gyros und Souvláki erst im Zuge des Tourismus erobern.

## Kochtip

- Streichen Sie die Marinade am besten mit einem Backpinsel auf die Spieße, dann verteilt sie sich besonders gleichmäßig auf Fleisch und Gemüse.
- Falls Sie die Spieße auf einem Holzkohlegrill zubereiten, empfiehlt es sich, eine Grillschale zu verwenden – so kann kein Fett in die Glut tropfen.

## Serviertip

Köstlich zu den Spießchen: Tzatziki – Knoblauchjoghurt mit gehackter Gurke – und griechische Sesamfladen.

Als Getränk gehört natürlich ein griechischer Rot- oder Weißwein, wie ein Demestika, dazu.

**Serviertip** Dazu passen am besten gefüllte Teigtaschen oder -strudel aus dem türkischen Laden.

Reichen Sie nach diesem leichten Salat einen Raki – das ist ein türkischer Anisschnaps – als Digestif.

# ANATOLISCHER HIRTENSALAT

TÜRKEI

*Der bunt gemischte Salat mit einem erfrischenden Dressing aus Zitronensaft und Öl eignet sich nicht nur als Beilage, sondern auch als leichte Hauptspeise an heißen Sommertagen.*

## ZUTATEN
(Für 4 Portionen)

- 500 g feste Tomaten
- 1 Salatgurke
- 1 Bund Frühlingszwiebeln
- 3 milde Peperoni (siehe Zutatentip)
- 100 g Eisbergsalat
- 50 g schwarze Oliven
- ½ Bund Petersilie
- 4 Zweige Minze

### FÜR DIE SALATSAUCE
- Saft von 1 Zitrone
- 1 Knoblauchzehe
- Salz, schwarzer Pfeffer
- 4 EL Olivenöl

### ZUTATENTIP
Peperoni können sehr unterschiedlich scharf sein, was man ihnen leider nicht ansieht. Fragen Sie Ihren Gemüsehändler. Ersatzweise eignen sich auch eingelegte Peperoni aus dem Glas.

1 Die Tomaten waschen und trockenreiben. Zuerst in Scheiben, dann in Streifen schneiden. Die Salatgurke schälen und längs vierteln. Dann in dünne Scheiben schneiden. Die Frühlingszwiebeln waschen, putzen und in feine Ringe schneiden. Die Peperoni halbieren, von Stielansätzen sowie Samensträngen befreien und ebenfalls in Ringe schneiden. Den Eisbergsalat waschen, trockenschleudern und in feine Streifen schneiden.

Schritt 1

2 Die vorbereiteten Zutaten mit den Oliven in einer Schüssel mischen. Die Petersilie sowie die Minze waschen und gut trockentupfen. Die Blättchen der Kräuter von den Stengeln zupfen und fein hacken.

Schritt 2

3 Den Zitronensaft in eine Rührschüssel geben. Den Knoblauch schälen und durch die Presse zum Zitronensaft drücken. Alles mit Salz und Pfeffer würzen. Das Olivenöl nach und nach kräftig mit einem Schneebesen unterschlagen. Die Sauce zu den Salatzutaten geben und alles locker, aber gründlich vermischen. Eventuell nochmals mit Salz und Pfeffer abschmecken.

Schritt 3

Zubereiten **20** Min.
Pro Portion: 170 kcal/710 kJ;
3 g EW; 14 g F; 7 g KH

### TYPISCH TÜRKISCH
Dieser landesweit beliebte Salat wird gern mit Schafskäse angereichert, und so wurden die Hüter der Tiere zum Namensstifter. Üppige und zahlreiche Vorspeisen sind in der Türkei keine Seltenheit. Sogar im normalen Alltag werden mindestens zwei Appetitanreger aufgetischt.

# Gefüllte Tomaten »Damaskus«

Syrien

*Der faszinierende Duft des Orients zieht durch die Wohnung, wenn diese Tomaten im Topf schmoren. Gefüllt sind sie mit einer raffiniert gewürzten, süßlichen Reis-Kräuter-Mischung.*

## ZUTATEN
(Für 4 Portionen)

- 8 große Tomaten
- Salz
- 2 EL Tomatenmark

**FÜR DIE FÜLLUNG**

- 150 g Langkornreis
- Salz
- 1 kleine Zwiebel
- 2 Knoblauchzehen
- 1 Bund Petersilie
- 3 EL Olivenöl
- je 1 EL Mandelblättchen, Pistazien- und Pinienkerne
- 40 g Korinthen
- 1 TL gemahlener Kreuzkümmel (siehe Zutatentip)

### Zutatentip

Kreuzkümmel, auch Cumin genannt, schmeckt leicht pfeffrig und etwas bitter. Kaufen können Sie ihn in Asienläden als Samen oder bereits gemahlen.

1 Die Tomaten waschen, trockenreiben und jeweils einen etwa 1 cm hohen Deckel abschneiden. Das Tomateninnere mit einem Löffel herauslösen und fein hacken. Die Tomaten innen salzen.

Schritt 1

2 Reichlich Salzwasser in einem Topf aufkochen lassen. Den Reis darin 4 Minuten kochen, dann abtropfen lassen. Die Zwiebel und den Knoblauch schälen und fein hacken. Die Petersilie waschen, trockenschütteln und ebenfalls fein hacken. 1 EL Öl in einem Topf erhitzen. Die Zwiebel und den Knoblauch darin glasig werden lassen. Die Petersilie dazugeben und kurz mitdünsten.

Schritt 2

3 Die Mandeln, Pistazien- und Pinienkerne grob hacken. Mit den Korinthen und dem Reis zur Zwiebelmischung geben. Den Topf vom Herd nehmen. Die Reismasse mit 1 EL gehackten Tomaten verrühren, mit Salz und Kreuzkümmel würzen. In die Tomaten füllen.

Schritt 4

4 Restliches Tomatenfleisch mit übrigem Öl, dem Tomatenmark und ⅛ l Wasser verrühren und in einen Topf gießen. Die Tomaten hineinsetzen. Alles zum Kochen bringen und zugedeckt bei mittlerer Hitze etwa 30 Minuten schmoren, bis der Reis weich ist.

Zubereiten **20** Min. Garen **30** Min.
Pro Portion: 320 kcal/1355 kJ;
7 g EW; 12 g F; 45 g KH

### Typisch syrisch

Der europäische Brauch, ein Menü in mehreren Gängen zu servieren, ist in Syrien nicht üblich. Wie in vielen anderen arabischen Ländern werden Vorspeisen, Hauptgerichte Beilagen und sogar die Desserts gleichzeitig aufgetragen. Von den verschiedenen Platten bedient sich jeder nach Herzenslust selbst.

## Kochtip

- Statt mit Reis schmecken die Tomaten auch mit Couscousfüllung. Er muß nicht vorgegart werden. Mischen Sie ihn einfach mit den anderen Zutaten.
- Die Tomatendeckel können Sie kleinschneiden und mit der Sauce garen. Dann die Sauce passieren, um die harten Schalenstückchen zu entfernen.

## Serviertip

Schälchen mit Kichererbsen, gegrillten Auberginenscheiben und Fladenbrot machen die Vorspeisentafel perfekt.

Als Getränk paßt schwarzer Tee mit Eiswürfeln, der mit Limone oder Minze aromatisiert ist.

# LAMMKEBABS MIT AUBERGINEN-CHILI-PÜREE

IRAN

*Lammfleisch und Lorbeer gehen hier eine aparte Geschmacksverbindung ein. Der kulinarische Clou zu den Grillspießen: ein pikantes Gemüsepüree aus Aubergine, Paprikas und Chilis.*

## ZUTATEN
(Für 4 Portionen)

**FÜR DIE SPIESSE**
- 700 g Lammfleisch von der Keule oder Lammfilet
- 25-30 frische Lorbeerblätter
- 1 TL getrockneter Oregano
- 100 ml Olivenöl
- Saft von 1 großen Zitrone
- 2 Knoblauchzehen
- Salz, schwarzer Pfeffer

**FÜR DAS GEMÜSEPÜREE**
- 1 kleine Aubergine
- 2 rote Paprikaschoten
- 2 Chilischoten
- 2 Zwiebeln
- Salz
- ½ TL gemahlener Kreuzkümmel
- 2 EL gehackte Petersilie

**AUSSERDEM**
- 8 Grillspieße

1 Lammfleisch in etwa 1½ cm große Würfel schneiden. Fleischwürfel und Lorbeerblätter abwechselnd auf Spieße stecken.

2 Oregano mit 75 ml Olivenöl und Zitronensaft verrühren. Knoblauch schälen, durch die Presse drücken und zufügen. Marinade mit Salz und Pfeffer würzen, über die Spieße geben und zudecken. 4 Stunden ziehen lassen, dabei mehrmals wenden.

3 Inzwischen den Backofen auf 250 °C vorheizen. Aubergine, Paprikas und Chilis waschen und zusammen mit den Zwiebeln 30 Minuten (Chilis nur 15 Minuten) im Ofen (Gas 4; Umluft 230 °C) backen, bis alle Gemüse weich und gebräunt sind.

4 Aubergine halbieren, Fruchtfleisch auslösen. Paprikas und Chilis enthäuten, von Stielansätzen sowie Samensträngen befreien. Zwiebeln schälen. Gemüse mit 20 ml Öl in der Küchenmaschine pürieren. Salz, Kreuzkümmel und Petersilie untermischen.

5 Spieße abtropfen lassen. Restliches Öl in einer Grillpfanne erhitzen und die Spieße unter mehrmaligem Wenden 10 Minuten braten. Mit dem Gemüsepüree servieren.

Schritt 1

Schritt 1

Schritt 4

Zubereiten 30 Min.
Marinieren 4 Std.
Garen 40 Min.
Pro Portion: 675 kcal/2820 kJ
34 g EW; 57 g F; 6 g KH

## TYPISCH PERSISCH

Die persische Vorliebe für Gegrilltes vom Spieß ist auch im heutigen Iran noch anzutreffen. Außer mit Lammfleisch und Rinderhack werden die Spieße auch gern mit Fisch und Gemüse bestückt. Das Brutzeln über offenem Feuer heißt »kabab-khaneh«, was gleichzeitig den Ort bezeichnet, an dem gegrillt wird.

## Kochtip

Dieses herzhafte Gemüsepüree ist ausgesprochen vielseitig: Es schmeckt nicht nur hervorragend zu gebratenem Fleisch, zu Fisch und Geflügel, sondern es mundet auch köstlich als Brotaufstrich, insbesondere auf Fladenbrot. Übrigens hält sich das Püree in einem Schraubglas gut 1 Woche im Kühlschrank.

## Serviertip

Erfrischendes Dessert nach den Kebabs: ein Fruchtcocktail aus Pfirsichwürfeln und weißen Melonenkugeln mit Minze.

Im Iran wird häufig Trinkjoghurt oder gesüßter schwarzer Tee zum Essen serviert.

# Hähnchencurry in Kokossauce

**Indien**

*Zartes Hähnchenbrustfilet, grüne Bohnen und Kartoffeln schmoren in einer exotisch gewürzten Kokossauce mit Joghurt. Eine indische Köstlichkeit, die Ihre Gäste begeistern wird.*

## ZUTATEN
**(Für 4 Portionen)**

- 300 g Tiefkühl-Bohnen
- 2-3 festkochende Kartoffeln
- 600 g Hähnchenbrustfilet
- 1 Zwiebel
- 2 Knoblauchzehen
- 4 cm frische Ingwerwurzel
- 3 EL Öl
- 4 EL Joghurt
- 200 g Kokosmilch (siehe Zutatentip)
- 1 TL gemahlener Koriander
- 2 TL gemahlener Kreuzkümmel
- Salz, Chilipulver
- einige Zweige frische Minze

### Zutatentip

**Kokosmilch gibt es ungesüßt in Dosen und gepreßt als Block zu kaufen, der dann nur noch gerieben und mit Wasser verdünnt wird.**

1 Die Bohnen antauen lassen. Kartoffeln schälen und in 1½ cm große Würfel schneiden. Das Hähnchenbrustfilet waschen, trockentupfen und in mundgerechte Stücke schneiden. Die Zwiebel, den Knoblauch und den Ingwer schälen und fein würfeln.

Schritt 1

2 Öl in einer Pfanne erhitzen. Das Fleisch darin rundherum braun anbraten, wieder herausnehmen. Die Bohnen und Kartoffeln in die Pfanne geben und anbraten. Zwiebel, Knoblauch und Ingwer untermischen und kurz mitdünsten. Joghurt und Kokosmilch aufgießen. Mit Koriander, Kreuzkümmel, Salz und Chilipulver würzen und zugedeckt 15 Minuten schmoren.

Schritt 2

3 Inzwischen Minze waschen und trockenschütteln, die Blättchen in feine Streifen schneiden (einige Blättchen für die Garnitur zurückbehalten). Feingeschnittene Minze und das Hähnchenfleisch unter das Gemüse mischen. Alles weitere 10 Minuten schmoren. Nochmals mit den Gewürzen abschmecken und mit Minzeblättchen bestreut servieren.

Schritt 3

Zubereiten **35** Min. Garen **25** Min.
Pro Portion: 445 kcal/1860 kJ; 38 g EW; 23 g F; 19 g KH

### Typisch indisch

**Zum indischen Curry gehört ein »trockener« Begleiter: Während im Süden Reis bevorzugt wird, ist es in nördlichen Regionen das Brot. Dessen Zubereitung ist sehr abwechslungsreich. »Roti« und »chapati« werden in Pfannen gebacken, »nan« im Lehmofen und »poori« wird fritiert, wobei es aufgeht wie ein Ballon.**

## Kochtip

Noch besser kommen die Gewürze zur Geltung, wenn sie frisch gemahlen sind. Entweder Sie zerkleinern sie in einem Mörser oder in einer Gewürzmühle, die Sie im Asienladen bekommen. Auch elektrische Kaffeemühlen eignen sich zum Gewürzemahlen. Sie müssen anschließend aber gründlich gesäubert werden.

## Serviertip

In Indien reicht man dazu körnig gekochten Basmati-Reis mit Safran gewürzt und mit Cashewnüssen gemischt.

Asiatische Gerichte sind meist sehr würzig, daher schmeckt ein kühles Bier oder Tee am besten dazu.

# GEMÜSEPLATTE »CHIANG MAI«

THAILAND

*Dieses bunte Potpourri aus Thailand schmeichelt Augen und Gaumen gleichermaßen: Knackiges Gemüse und ein zartes Spinatomelett werden von einem würzig-scharfen Dip begleitet.*

## ZUTATEN
(Für 4 Portionen)

- 200 g grüne Bohnen (siehe Kochtip)
- 100 g Blumenkohlröschen
- 1 Salatgurke, 250 g Möhren
- je ½ grüne, rote und gelbe Paprikaschote
- 200 g Maiskölbchen, Salz

**FÜR DAS OMELETT**

- 150 g Blattspinat
- 4 Eier, Salz, 1 EL Öl

**FÜR DIE SAUCE**

- 3 Knoblauchzehen
- 6 EL Fischsauce (siehe Zutatentip)
- 3 EL Limettensaft
- 1 EL brauner Zucker
- 1 EL Chilipulver

### ZUTATENTIP

Fischsauce, aus Fisch- und Krabbenkonzentrat hergestellt, erhalten Sie ohne Probleme in Asienläden.

1 Bohnen und Blumenkohl waschen und putzen. Gurke schälen, halbieren und die Kerne mit einem Löffel auskratzen. Die Gurkenhälften in Scheiben schneiden. Die Möhren schälen und in Scheiben schneiden (siehe Kochtip). Die Paprikaschoten putzen, waschen und in Rauten schneiden. Die Maiskölbchen putzen und waschen. Reichlich Salzwasser zum Kochen bringen, das Gemüse darin nacheinander bißfest garen.

Schritt 1

2 Für das Omelett den Spinat waschen, gut abtropfen lassen und fein hacken. Die Eier verrühren und den Spinat untermischen, salzen. Öl in einer Pfanne erhitzen. Die Eier-Spinat-Masse hineingießen und in 2 Minuten stocken lassen. Omelett wenden und in weiteren 2 Minuten fertiggaren.

Schritt 2

3 Für die Sauce den Knoblauch schälen und durch die Presse drücken. Mit der Fischsauce, dem Limettensaft, dem Zucker und dem Chilipulver gründlich verrühren.

4 Das Omelett in mundgerechte Stücke schneiden und zum Gemüse legen oder extra anrichten. Die Sauce in ein Schälchen füllen und getrennt zum Dippen reichen.

Schritt 4

Zubereiten 45 Min.
Pro Portion: 230 kcal/965 kJ;
12 g EW; 10 g F; 22 g KH

### TYPISCH THAILÄNDISCH

Knackig gegartes Gemüse, Spinatomelett und die feurige Sauce »Nam prik« bilden ein kulinarisches Trio, das hier zu den Nationalgerichten zählt. Eine Besonderheit sind die grünen thailändischen Bohnen, die verwendet werden: Bei einer Länge von fast ½ Meter tragen sie den Namen »Schlangenbohnen« nicht zu Unrecht.

## Kochtip

- Kaufen Sie statt der deutschen grünen Bohnen thailändische Schlangenbohnen: Bohnen garen, je nach Länge halbieren, verknoten und auf die Platte geben.
- Optisch besonders schön: Möhren schälen, mit einem Zestenreißer (im Fachhandel erhältlich) längs einritzen und erst dann in Scheiben schneiden.

## Serviertip

Servieren Sie vorher eine bunte Gemüsebrühe mit Kokosmilch, Bambussprossen, Spinat und Krabbenfleisch.

Als Getränk bietet sich leicht gesüßter grüner Tee oder Mineralwasser mit Mangosaft an.

# ANANAS 3 X ANDERS

*Das ganz besondere Aroma der Ananas kommt nicht nur in süßen, sondern auch in pikanten Gerichten gut zur Geltung.*

## ANANASCURRY

Zubereiten **30** Min.

### INDONESIEN

**(FÜR 4 PORTIONEN)**

- 200 g Basmatireis
- 1 Ananas
- 2 Bund Frühlingszwiebeln
- 4 cm frische Ingwerwurzel
- einige Zweige frische Minze
- 1 EL Mandelblättchen
- 2 EL Öl
- 1 TL gemahlener Kardamom
- 1 TL gemahlener Koriander
- ½ TL Nelkenpulver
- Sambal oelek nach Geschmack
- 2 TL Zitronensaft

1 Den Reis waschen und in 600 ml Wasser 20 Minuten garen. Die Ananas schälen, dabei alle braunen »Augen« mit herausschneiden. Harten Strunk entfernen, das Fruchtfleisch in Würfel schneiden. Frühlingszwiebeln waschen, putzen und mit dem Grün in 1 cm breite Stücke schneiden. Den Ingwer schälen und fein hacken.

2 Minze abbrausen, trockenschütteln und in Streifen schneiden. Mandelblättchen in einer Pfanne ohne Fett unter Rühren goldbraun rösten, herausnehmen. Öl in der Pfanne erhitzen. Zwiebeln und Ingwer darin unter Rühren kurz andünsten. Ananas, Minze und Mandeln hinzufügen, ⅛ l Wasser aufgießen. Mit den Gewürzen und dem Zitronensaft abschmecken.

3 Ananascurry zugedeckt bei mittlerer Hitze 5 Minuten schmoren. Mit dem körnig gegarten Reis servieren.

## GEBRATENER REIS I

Zubereit

### THAILAND

**(FÜR 4 PORTIONEN)**

- 1 große Ananas
- 200 g Langkornreis
- Salz
- 1 Bund Frühlingszwiebeln
- 3 cm frische Ingwerwurzel
- 1 rote Chilischote
- 1 grüne oder rote Paprikaschote
- 100 g gekochter Schinken
- 1 Tomate
- 3 EL Öl
- 3 EL Korinthen
- 2 EL Sojasauce
- 1 TL brauner Zucker

1 Ananas waschen und der Länge nach halbieren. Fruchtfleisch herauslösen. Den harten Strunk entfernen, das Ananasfleisch würfeln. Reis in Salzwasser 20 Minuten garen.

## .NANASHÄLFTEN

Min.

2 Frühlingszwiebeln putzen, waschen, in Ringe schneiden. Ingwer schälen und fein hacken. Chilischote putzen, waschen und fein würfeln. Paprikaschote halbieren, von Stielansatz sowie Samensträgen befreien und waschen. Paprikaschote und Schinken würfeln. Tomate waschen, trockenreiben und grob hacken.

3 Öl in einer Pfanne erhitzen. Frühlingszwiebeln und Ingwer darin unter Rühren glasig werden lassen. Paprika hinzufügen und 2 Minuten mitbraten. Reis dazugeben und 2 Minuten braten. Ananas, Tomate, Schinken und Korinthen untermischen. Alles mit Sojasauce, Zucker und Salz abschmecken und weitere 2 Minuten braten. In die ausgehöhlten Ananashälften füllen und servieren.

## RINDERSTEAKS MIT ANANAS-CHUTNEY

Zubereiten **25** Min.

KARIBIK

**(FÜR 4 PORTIONEN)**

- **1 Dose ungezuckerte Ananasstücke (340 g)**
- **1 kleine grüne Paprikaschote**
- **1 rote Chilischote**
- **50 g Kokosraspel**
- **Saft von 1 Limette**
- **1 EL brauner Rum**
- **1 TL brauner Zucker**
- **Salz, schwarzer Pfeffer**
- **4 Rindersteaks**
- **1 EL Öl**
- **1 EL Butterschmalz**

1 Ananas abtropfen lassen und mit einem großen Messer sehr fein hacken. Paprika- und Chilischote halbieren, von Stielansatz sowie Samensträngen befreien, waschen und sehr fein würfeln. Kokosraspel in einer Pfanne ohne Fett bei mittlerer Hitze unter Rühren bräunen, bis sie duften.

2 Die Ananas mit Paprika, Chili, Kokosraspeln, Limettensaft und Rum mischen und mit Zucker sowie Salz pikant abschmecken.

3 Die Rindersteaks mit dem Handballen etwas flacher drücken. Mit Pfeffer würzen. Öl mit Butterschmalz in einer Pfanne erhitzen. Steaks darin bei starker Hitze anbraten, dann bei mittlerer Hitze auf jeder Seite noch 3-5 Minuten garen.

4 Das Fleisch erst nach dem Braten salzen. Sofort mit dem Chutney auf vorgewärmten Tellern anrichten. Dazu Folienkartoffeln oder frisches Weißbrot servieren.

# MELBOURNER GEMÜSETERRINE

AUSTRALIEN

*Diese elegante Vorspeise besteht aus ganz einfachen Zutaten: Gegrillte Auberginen- und Paprikascheiben werden mit eingelegten Tomaten geschichtet und mit Joghurtsauce serviert.*

## ZUTATEN
(Für 4 Portionen)

- 2 Auberginen
- Salz
- je 4 rote und gelbe Paprikaschoten
- 100 ml Olivenöl
- 200 g getrocknete, in Öl eingelegte Tomaten (siehe Zutatentip)
- 3 Knoblauchzehen
- 1 großes Bund Basilikum

### FÜR DIE SAUCE
- 1 Bund gemischte Kräuter
- 1 EL Kapern
- 200 g Joghurt
- Salz, schwarzer Pfeffer

### AUSSERDEM
- Frischhaltefolie

## ZUTATENTIP

Getrockenete, in Öl eingelegte Tomaten bekommt man in italienischen und griechischen Lebensmittelläden.

1 Auberginen waschen, putzen und der Länge nach in dünne Scheiben schneiden. Die Scheiben salzen und 20 Minuten ziehen lassen. Mit Küchenpapier trockentupfen.

Schritt 1

2 Den Grill des Backofens vorheizen. Die Paprikaschoten halbieren, putzen und waschen. Auberginen und Paprika portionsweise jeweils 10 Minuten grillen, Auberginen dabei immer wieder mit etwas Öl bepinseln.

3 Paprikaschoten häuten, getrocknete Tomaten grob würfeln. Knoblauch schälen und fein hacken. Das Basilikum waschen, trockenschütteln und fein schneiden.

Schritt 3

4 Gemüse lagenweise in eine Form schichten, dabei jede zweite Lage mit Tomaten, Knoblauch und Basilikum bestreuen und mit restlichem Öl beträufeln. Mit der Folie abdecken, einen passenden Teller darauf stellen und diesen mit Konservendosen beschweren. Die Terrine 24 Stunden kalt stellen.

Schritt 4

5 Für die Sauce Kräuter waschen, trockenschütteln und fein hacken. Kapern ebenfalls fein hacken und mit den Kräutern unter den Joghurt rühren. Mit Salz und Pfeffer abschmecken. Zur Terrine servieren.

Zubereiten **1** Std. **30** Min.
Kühlen **24** Std.
Pro Portion: 480 kcal/2015 kJ; 5 g EW; 46 g F; 12 g KH

## TYPISCH AUSTRALISCH

**Die ursprüngliche australische Küche mußte sich mit wenigen Nahrungsmitteln begnügen. Bereicherung brachte erst die Immigrantenwelle der Nachkriegszeit. Heute werden viele Lebensmittelgeschäfte von Italienern und Griechen geführt, deren heimische Spezialitäten auch dieses Rezept geprägt haben.**

## Kochtip

- Ebenfalls köstlich schmeckt die Terrine, wenn Sie zwischen die einzelnen Schichten 100-150 g frisch geriebenen Pecorino oder auch alten Gouda streuen und sie für 20 Minuten bei 180 °C backen.
- Beim Erkalten der Terrine bildet sich Flüssigkeit, die Sie vor dem Servieren vorsichtig abgießen können.

## Serviertip

Servieren Sie frisches Stangenweißbrot und gebratene Lammkoteletts oder pikante Geflügelspieße dazu.

Als Getränk schmeckt ein kräftiger Weißwein, zum Beispiel ein australischer Chardonnay, am besten.

**Serviertip** Dazu einen weißen Spargelsalat servieren, den Sie dekorativ mit Kiwischeiben umlegen.

Als Getränk schmeckt trockener Rotwein, zum Beispiel ein Cabernet Sauvignon aus Neuseeland.

# LAMMRÜCKEN IN BLÄTTERTEIG

NEUSEELAND

*Ein feines Essen für einen Abend mit guten Freunden: Saftige, mit Kiwipüree bestrichene Lammrückenstücke in knusprigem Blätterteig. Dazu reichen Sie eine exquisite Camembert-Sauce.*

## ZUTATEN
(Für 4 Portionen)

- 4 Tiefkühl-Blätterteigplatten
- 3 Kiwis
- ½ EL Zitronensaft
- Cayennepfeffer
- 2 EL Butterschmalz
- 4 Stücke ausgelöster Lammrücken (à 200 g)
- Salz

### FÜR DIE SAUCE
- 200 g Camembert
- 50 g Schlagsahne
- 50 g saure Sahne
- 3 EL trockener Sherry oder Weißwein
- Salz, weißer Pfeffer

### AUSSERDEM
- Mehl für die Arbeitsfläche
- 1 Eigelb und 1 EL Schlagsahne zum Bestreichen

1 Blätterteigplatten nebeneinander legen und auftauen lassen. 1 Kiwi schälen, grob würfeln und mit einer Gabel fein zerdrücken. Mit Zitronensaft und Cayennepfeffer würzen.

2 Das Butterschmalz erhitzen. Die Lammrückenstücke darin etwa 1 Minute anbraten, herausnehmen und abkühlen lassen. Salzen und mit dem Kiwipüree bestreichen. Backofen auf 220 °C vorheizen. Je 1 Teigplatte auf wenig Mehl zu einem Rechteck (20 x 30 cm) ausrollen. Ränder mit kaltem Wasser bestreichen und je 1 Stück Fleisch darin einpacken, Ränder gut andrücken.

3 Die Päckchen auf ein kalt abgespültes Backblech legen, im Ofen (Gas 3; Umluft 200 °C) etwa 10 Minuten backen. Eigelb mit 1 EL Sahne verrühren, die Päckchen damit bestreichen und weitere 10 Minuten backen, bis der Blätterteig braun und knusprig ist.

4 Inzwischen den Camembert entrinden und mit der Sahne sowie dem Sherry oder Wein im Mixer pürieren. Mit Salz und Pfeffer abschmecken. Restliche Kiwis schälen und in Scheiben schneiden. Lammpäckchen mit Kiwis garnieren, mit der Sauce servieren.

**Schritt 2**

**Schritt 2**

**Schritt 3**

Zubereiten **30** Min. Garen **20** Min.

Pro Portion: 905 kcal/3795 kJ; 33 g EW; 75 g F; 25 g KH

## TYPISCH NEUSEELÄNDISCH

**Das Angebot an neuseeländischem Lammfleisch war nicht immer so groß wie heute. Denn ein Merkmal der ursprünglichen Inselnatur war, daß es keine Landsäugetiere gab. Erst die europäischen Siedler haben Schafe, Rinder und Hasen in Neuseeland eingeführt.**

# SCHINKEN-ANANAS-RAGOUT »LANAI«

USA

*Im dekorativen Reisring serviert, wird das fruchtig-pikante Schinkenragout mit Ananas und Sellerie zum Star eines jeden Büfetts. Keine Angst: es sieht viel aufwendiger aus, als es ist.*

## ZUTATEN
(Für 4 Portionen)

- 250 g Langkornreis
- Salz, schwarzer Pfeffer
- 400 g gekochter Schinken am Stück (siehe Zutatentip)
- 6 Stangen Sellerie
- 1 Bund Frühlingszwiebeln
- 1 kleine Dose Ananasstücke (255 g)
- 1 EL Öl
- 1 TL Speisestärke
- Saft von 1 großen Orange
- Cayennepfeffer

**AUSSERDEM**

- Ringform für den Reis
- 30 g Butter

### ZUTATENTIP

Gekochter Schinken wird als Hinter- und Vorderschinken angeboten. Entscheiden Sie sich für Hinterschinken, er ist von besserer Qualität.

1 Reis in einem Sieb waschen, bis das ablaufende Wasser klar bleibt. Dann mit ½ l Wasser und ½ TL Salz zum Kochen bringen und bei schwacher Hitze zugedeckt in etwa 20 Minuten körnig ausquellen lassen.

Schritt 1

2 Den Schinken in 1 cm große Würfel schneiden. Sellerie waschen, putzen und in feine Scheiben schneiden. Das Grün beiseite legen. Die Frühlingszwiebeln waschen, putzen und mit dem Grün in feine Ringe schneiden. Die Ananasstücke in einem Sieb abtropfen lassen, dabei den Saft auffangen.

Schritt 3

3 Öl in einer Pfanne erhitzen. Zwiebelringe und Sellerie darin unter Rühren bei mittlerer Hitze 5 Minuten dünsten. Schinken und Ananas dazugeben. Die Speisestärke in dem Orangensaft anrühren. Mit 75 ml Ananassaft zum Schinken geben und alles aufkochen, bis die Sauce leicht gebunden ist. Mit Salz, Pfeffer und Cayennepfeffer abschmecken.

Schritt 4

4 Eine Ringform mit Butter ausfetten, restliche Butter unter den Reis rühren. Reis in die Form drücken, dann auf eine Platte stürzen (siehe Kochtip). Schinken-Ananas-Ragout in die Mitte des Reisrings füllen, mit den Sellerieblättchen garnieren.

Zubereiten **35** Min. Garen **10** Min

Pro Portion: 560 kcal/2335 kJ;
25 g EW; 22 g F; 64 g KH

### TYPISCH HAWAII

Seit der Archipel mit seinen 8 Hauptinseln und mehr als 120 kleinen Inseln von James Cook 1778 entdeckt wurde, hat sich vieles geändert. Gemütlichkeit ist stetiger Betriebsamkeit gewichen: Fremdenverkehr und hochmechanisierte Plantagen, auf denen Zuckerrohr und Ananas angebaut werden, sichern das Einkommen.

## Kochtip

Wer keine Ringform, zum Beispiel eine Savarinform besitzt, kann den Reis auch in Portionstassen füllen und jeweils auf die Teller stürzen. Besonders hübsch wirkt es, wenn Sie für jeden Gast einen Reisring in einer kleinen Savarinform zubereiten. Die Förmchen erhalten Sie in guten Haushaltswarenläden.

## Serviertip

Als Dessert reichen Sie einen Eisbecher mit exotischem Obst oder Sommerfrüchten und einer Schokoladensauce.

Zum Hauptgericht bietet sich frisch gepreßter Ananassaft mit einem Schuß Mineralwasser an.

# Burritos mit Mais-Bohnen-Füllung

**Mexiko**

*Knusprige Weizenteigfladen erhalten eine saftige Füllung aus roten Bohnen, Mais und Paprika. Für das mexikanische »Feuer« sorgen bei diesem vegetarischen Gericht kleine Chilischoten.*

## ZUTATEN
(Für 4 Portionen)

- 1 Dose Kidney-Bohnen (255 g)
- 1 Dose Mais (230 g)
- je 1 rote und grüne Paprikaschote
- 2 kleine Chilischoten
- 2 Knoblauchzehen, 3 EL Öl
- 1 TL getrockneter Oregano
- 1 TL gemahlener Kreuzkümmel
- Salz, Chilipulver
- 8 fertige Weizentortillas (siehe Zutatentip)
- 4 EL saure Sahne oder Crème fraîche

### Zutatentip

Tortillas, aus Weizen- oder Maismehl, Wasser und Salz hergestellt, finden Sie fertig zubereitet – Sie müssen sie nur noch braten – in den Spezialitätenabteilungen von großen Supermärkten.

1 Bohnen und Mais in einem Sieb kalt abbrausen und abtropfen lassen. Paprika- und Chilischoten halbieren, von Stielansatz und Samensträngen befreien, waschen und in sehr kleine Würfel schneiden. Knoblauch schälen und fein hacken.

Schritt 1

2 In einer Pfanne 2 EL Öl erhitzen. Knoblauch sowie Chili- und Paprikawürfel dazugeben und unter Rühren bei mittlerer Hitze etwa 2 Minuten braten. Mais und Bohnen dazugeben. Mit Oregano, Kreuzkümmel, Salz und Chilipulver würzen und zugedeckt bei mittlerer Hitze etwa 10 Minuten schmoren lassen. Den Backofen auf 50 °C vorheizen.

3 Inzwischen Tortillas im restlichen Öl nacheinander von beiden Seiten kurz braten, bis sie warm und biegsam sind. Teigfladen im Ofen (Gas und Umluft niedrigste Stufe) in ein Tuch gehüllt warm halten.

Schritt 3

4 Die Tortillas jeweils mit etwas Gemüsemischung belegen, aufrollen und auf vorgewärmten Tellern anrichten. Sofort mit saurer Sahne oder Crème fraîche servieren.

Schritt 4

Zubereiten **35** Min.
Pro Portion: 395 kcal/1660 kJ; 14 g EW; 12 g F; 56 g KH

### Typisch mexikanisch

Was im Spanischen »Eselchen« bedeutet, ist in Mexiko eine aufgerollte Tortilla-Spezialität: die »Burritos«. Besonders bei den Bewohnern der nördlichen Landesregionen sind die Teigröllchen sehr populär. Abgesehen von Gemüse versteckt sich häufig auch eine Füllung aus Rindfleisch, Kartoffeln oder Bohnen darin.

## KOCHTIP

- Wer das Gericht mit getrockneten Bohnen zubereiten möchte, braucht etwa 75 g davon: über Nacht einweichen, dann am nächsten Tag in frischem Wasser in 1-2 Stunden weich kochen. Nach dem Garen salzen.
- Maiskörner gibt es außer in Dosen übrigens auch tiefgefroren zu kaufen.

## SERVIERTIP

Stellen Sie in Streifen geschnittenen Eisbergsalat sowie rote Chilisauce und saure Sahne auf den Tisch.

Dazu paßt Margarita: 4 cl Tequila, 2 cl Limonensaft und 2 cl Triple sec mit Eis kräftig schütteln.

# AVOCADOS »RELLENOS«

KOLUMBIEN

*Eine herzhafte Füllung aus Huhn, Reis und Gemüsen unterstreicht den milden Eigengeschmack der Avocados. Sie werden ganz kurz im Ofen mit zart schmelzendem Käse überbacken.*

## ZUTATEN
(Für 4 Portionen)

**FÜR DIE FÜLLUNG**

- 100 g Langkornreis
- Salz
- 300 g Hähnchenbrustfilet
- 2 EL Öl
- 1 kleine Zwiebel
- 2 Knoblauchzehen
- 1 Fleischtomate
- 100 g Maiskörner (Dose)
- 1 TL Chili con carne-Gewürz
- ½ Bund Koriandergrün
- 4 Avocados (siehe Zutatentip)
- 2 EL Zitronensaft
- 100 g Cheddar oder alter Gouda

### ZUTATENTIP
Avocados müssen beim Kauf auf leichten Druck elastisch nachgeben und dürfen keine braunen Flecken haben.

1 Den Reis in 300 ml Salzwasser garen. Hähnchenbrustfilet in feine Würfel schneiden und salzen. Öl in einer Pfanne erhitzen, Hähnchenfleisch darin rundherum braun anbraten. Zwiebel hacken, Knoblauch durchpressen und beides zufügen.

2 Tomate waschen, entkernen und würfeln. Mais in einem Sieb abtropfen lassen und zum Huhn geben. Mit Salz und Chili con carne-Gewürz würzen. Reis dazugeben und kurz mitbraten. Pfanne vom Herd ziehen.

3 Backofen auf 250 °C vorheizen. Koriander waschen, trockenschütteln, hacken und untermischen. Die Avocados waschen und halbieren. Den Stein herausnehmen, das Fleisch auslösen, dabei etwa 1 cm am Rand stehen lassen. Das Fruchtfleisch würfeln, mit dem Zitronensaft beträufeln und unter die Hähnchen-Reis-Masse heben.

4 Die Mischung in die Avocadohälften füllen. Diese nebeneinander in eine feuerfeste Form setzen. Den Käse reiben und über die gefüllten Avocados streuen. Im Ofen etwa 4 Minuten überbacken (Gas 4; Umluft 230 °C; siehe Kochtip).

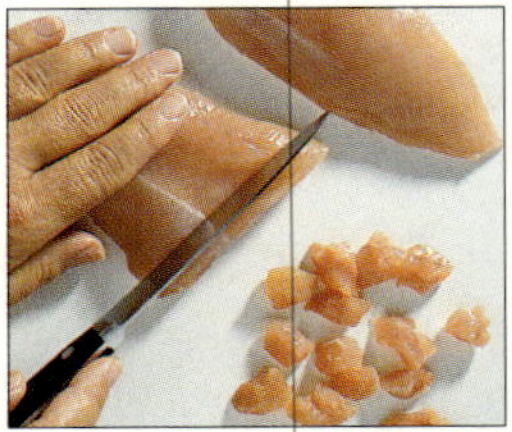

Schritt 1

Schritt 2

Schritt 3

Zubereiten **50** Min.
Pro Portion: 650 kcal/2690 kJ; 25 g EW; 53 g F; 16 g KH

### TYPISCH KOLUMBIANISCH
»Avocados rellenos«, wie diese gefüllten Früchte in ihrer Heimat heißen, sind in ganz Kolumbien beliebt. Dort gedeihen die nahrhaften, braungrünen Avocados, und sie gehören zum Standardangebot jedes Markthändlers. Der Avocadobaum, ein Lorbeergewächs, kann die beachtliche Höhe von 20 Metern erreichen.

## KOCHTIP

• Avocados schmecken bitter, wenn sie gegart werden. Es ist daher wichtig, daß Sie sie nicht länger als angegeben im Ofen lassen, sondern nur, bis der Käse geschmolzen ist. Nicht in der Mikrowelle zubereiten!

• Ebenfalls köstlich schmeckt es, wenn Sie die Masse statt in Avocados in entkernte Papayas füllen.

## SERVIERTIP

Dazu paßt ein Salat aus Tomaten und rohen roten Zwiebeln mit etwas Minze oder Koriander bestreut.

Als Getränk servieren Sie erfrischenden Pfirsich-Eistee oder geeisten Fruchtsaft mit Mineralwasser.

# GEMÜSE-BANANEN-GRATIN »BAHIA«

BRASILIEN

*Eine brasilianische Köstlichkeit – nicht nur für Vegetarier: Buntes Gemüse und Bananen in Kokosmilch werden unter einer Decke aus Semmelbröseln und Parmesan gratiniert.*

## ZUTATEN
(Für 4 Portionen)

- 2 Zucchini
- 2 Schmorgurken
- 4 reife, aber feste Tomaten
- 4 feste Bananen (siehe Zutatentip)
- 1 rote Chilischote
- 200 ml Kokosmilch
- 1 Knoblauchzehe
- Salz
- 2 EL Limettensaft
- 100 g altbackene Brötchen
- 100 g Parmesan
- 1 EL Öl

### ZUTATENTIP
**Bananen zum Kochen sollten noch nicht zu reif sein, also eine gelbe Schale ohne braune Stellen haben, sonst werden sie beim Garen schnell weich und zerfallen zu sehr.**

1 Die Zucchini waschen, putzen und in dünne Scheiben schneiden. Die Gurken schälen und der Länge nach halbieren. Die Kerne mit einem Teelöffel herauskratzen. Dann die Gurken in Scheiben schneiden.

**Schritt 1**

2 Die Tomaten kurz blanchieren, enthäuten und fein würfeln. Die Bananen schälen und in 1 cm dicke Scheiben schneiden. Den Backofen auf 220 °C vorheizen.

**Schritt 2**

3 Die Chilischote von Stielansatz und Samensträngen befreien, waschen und klein würfeln. Mit der Kokosmilch verrühren. Den Knoblauch schälen, durch die Presse drücken und zufügen. Mit Salz und Limettensaft abschmecken. Alles mit dem Gemüse und den Bananen mischen und in eine feuerfeste, flache Form geben.

4 Die Brötchen in der Küchenmaschine fein zerkleinern. Mit dem Parmesan und dem Öl mischen und auf der Gemüse-Mischung verteilen (siehe Kochtip). Gemüse im Ofen (Gas 3; Umluft 200 °C) etwa 30 Minuten backen, bis die Oberfläche gebräunt ist. Eventuell mit Alufolie abdecken.

**Schritt 4**

Zubereiten **25** Min. Garen **30** Min.
Pro Portion: 345 kcal/1450 kJ;
16 g EW; 15 g F; 40 g KH

### TYPISCH BRASILIANISCH
**Viele brasilianische Rezepte wie dieses haben einen afrikanischen Einschlag, den sie den ehemaligen Sklaven verdanken. Auf die Kombination von Pikantem und Fruchtig-Süßem, zum Beispiel Fleisch und Bohnen zusammen mit Kokosmilch, Bananen oder Apfelsinen, trifft man vor allem im Bundesstaat Bahia.**

## KOCHTIP

Wenn Sie Parmesan alleine zum Überbacken von Gerichten verwenden, schmilzt dieser nicht, sondern wird einfach nur braun und fest. Deshalb sollte man ihn vorher immer mit etwas Öl vermischen. Sie können das Gratin aber auch vor dem Überbacken einfach nur mit ein paar Butterflöckchen belegen.

## SERVIERTIP

Sehr gut schmecken dazu gegrillte Fische, saftige T-Bone-Steaks oder knusprige Hähnchenkeulen.

Vorher eine Piña Colada: 2 cl Sahne, 4 cl Rum, 2 cl Kokosnußcreme, 6 cl Ananassaft mit Eis mixen.

**SERVIERTIP** Servieren Sie zur herzhaften Brokkoli-Torte einen gemischten Salat mit Joghurtdressing.

Als Getränk paßt ein kühles Bier oder auch ein leichter, frischer Weißwein am besten.

# *B*ROKKOLI-TORTE MIT SCHINKEN

**NIEDERLANDE**

*Eine saftige Mischung aus Brokkoli, Schinken und Eier-Käse-Sahne, gebacken in knusprigem Mürbeteig – ein Essen, das jeden Tag schmeckt, sich aber auch für ein Partybüfett eignet.*

## ZUTATEN

(Für 1 Springform, 28 cm Ø)

**FÜR DEN TEIG**

- 125 g weiche Butter
- 250 g Mehl, Salz

**FÜR DEN BELAG**

- 600 g Brokkoli (siehe Zutatentip)
- 150 g gekochter Schinken
- 4 Eier
- 100 g frisch geriebener mittelalter Gouda
- 125 g Schlagsahne
- Salz, weißer Pfeffer
- geriebene Muskatnuß

**AUSSERDEM**

- Fett für die Form

### ZUTATENTIP

Brokkoli darf keine gelblichen Stellen haben, denn die weisen darauf hin, daß er bereits zu blühen begonnen hat, also zu spät geerntet oder zu lange gelagert wurde.

1 Für den Teig die Butter würfeln und mit dem Mehl, Salz und etwa 4 EL kaltem Wasser zu einem glatten Teig verkneten. Die Springform ausfetten. Den Teig etwas größer als die Form ausrollen, dann in die Form legen und einen 3 cm hohen Rand hochziehen. Teigboden für 1 Stunde kühl stellen.

**Schritt 1**

2 Für den Belag den Brokkoli waschen, putzen und die Röschen abschneiden. Stiele schälen und in 1 cm große Stücke schneiden. Beides in kochendem Salzwasser 3-5 Minuten blanchieren, kalt abschrecken und abtropfen lassen. Schinken in Streifen schneiden. Backofen auf 200 °C vorheizen.

**Schritt 2**

3 Eier trennen. Eigelbe mit Gouda und Schlagsahne verquirlen, mit Salz, Pfeffer und geriebener Muskatnuß würzen. Eiweiße steif schlagen und mit einem Schneebesen unter den Teig heben. Brokkoli auf den Teigboden legen, mit den Schinkenstreifen bestreuen. Eiermasse darüber verteilen.

**Schritt 3**

4 Brokkoli-Torte im Ofen (Gas 3; Umluft 180 °C) 45 Minuten backen, bis der Brokkoli weich und der Belag schön gebräunt ist.

Zubereiten **30** Min.
Kühlen **1** Std.
Backen **45** Min.
Pro Portion (6 Stücke):
540 kcal/2260 kJ;
22 g EW; 18 g F; 33 g KH

### TYPISCH NIEDERLÄNDISCH

Diese Brokkoli-Torte ist eine größere Variante der berühmten Limburger »Vlaai«. Hierbei handelt es sich ursprünglich um Fladen aus Brotteig. Heute gehört viel Butter in den Teig, der in Törtchenformen gebacken wird. Süße Beläge schmecken darauf ebenso wie herzhafte.

# OSTSEEDORSCH IN SENFSAUCE

DEUTSCHLAND

*Sanft gedämpftes Fischfilet mit sahniger Senfsauce, dazu zartes Dill-Gurken-Gemüse und leicht geröstete Kartoffeln – eine feine Mahlzeit, die schnell auf den Tisch gebracht werden kann.*

## ZUTATEN
(Für 4 Portionen)

- 800 g Dorschfilets (siehe Zutatentip)
- 2 EL Zitronensaft
- Salz, weißer Pfeffer
- 500 g Gärtnergurken
- 6 EL Butter
- 200 ml Gemüsebrühe
- 100 g saure Sahne
- 600 g kleine, gekochte Kartoffeln
- 1 Bund Dill

### FÜR DIE SAUCE
- 2 Schalotten
- 150 g Schlagsahne
- 200 ml Fischfond
- Salz, weißer Pfeffer
- 1 EL mittelscharfer Senf

### ZUTATENTIP
Als Dorsch bezeichnet man jungen Kabeljau. Er hat sehr feines, aber festes Fleisch. Sie können ihn durch Rotbarsch oder auch Seeteufel ersetzen.

1 Dorschfilets kalt abspülen, trockentupfen und mit dem Zitronensaft, Salz und Pfeffer würzen. Gurken schälen und der Länge nach halbieren. Kerne mit einem Löffel herauskratzen, Gurken in Scheiben schneiden.

Schritt 1

2 In einem Topf 2 EL Butter zerlassen. Die Gurken darin andünsten. Mit der Gemüsebrühe aufgießen und zugedeckt 20 Minuten bei mittlerer Hitze schmoren. Saure Sahne hinzufügen und umrühren.

3 Inzwischen die Kartoffeln pellen. In einer Pfanne 2 EL Butter erhitzen und die Kartoffeln rundherum goldgelb darin anbraten, salzen und pfeffern. Einen Dämpfeinsatz mit ½ EL Butter ausstreichen. Fisch hineinlegen und über Wasserdampf in 4 Minuten gar dämpfen (siehe Kochtip).

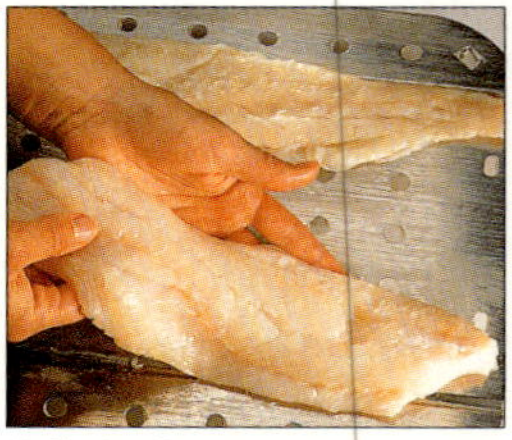

Schritt 3

4 Dill waschen und trockenschütteln. Die Spitzen abzupfen und unter das Gurkengemüse mischen. Schalotten schälen und würfeln. Restliche Butter in einem Topf erhitzen und die Schalotten darin glasig werden lassen. Mit Sahne sowie Fischfond ablöschen und etwa um ein Drittel reduzieren. Salzen, pfeffern und den Senf unterrühren. Fisch mit Sauce, Gemüse und Kartoffeln servieren.

Schritt 4

Zubereiten **40** Min.

Pro Portion: 575 kcal/2250 kJ; 39 g EW; 35 g F; 25 g KH

### TYPISCH DEUTSCH
Mit Senfsauce serviert, ist Dorsch aus der Ostsee ein typisches Gericht auf der Insel Rügen, das vor allem auf Hochtzeitstafeln nicht fehlen darf. Früher war es sogar Sitte, daß die Frischvermählten die beauftragten Fischer mit Speis und Trank versorgten, bevor diese sich wieder zum Arbeiten aufs Meer begaben.

## Kochtip

- Wer keinen Dämpfeinsatz hat, kann den Fisch auch in einer Pfanne in wenig Butter und Öl pro Seite etwa 2 Minuten braten. Dann im Backofen bei 50 °C warm halten, bis die Sauce fertig ist.
- Würzen Sie Saucen immer erst zum Schluß, denn beim Einkochen können sie sonst zu würzig werden.

## Serviertip

Reichen Sie vorweg eine leichte Gemüsecremesuppe mit Weißbrot-Croûtons, danach einen Obstsalat.

Als Getränk paßt ein fruchtiger Riesling aus dem Rheingau, aber auch ein kühles Bier.

# SCHWÄBISCHER KRÄUTERSTRUDEL

DEUTSCHLAND

*Verwöhnen Sie sich und Ihre Gäste mit diesem himmlischen Strudel: Hauchdünner Teig umhüllt eine Füllung aus bestens aufeinander abgestimmten Kräutern und saurer Sahne.*

## ZUTATEN

(Für 4-6 Portionen)

**FÜR DEN TEIG**

- 250 g Mehl
- 1 EL Öl
- 1 TL Salz, 1 Ei

**FÜR DIE FÜLLUNG**

- 2 große Zwiebeln
- 3 Bund gemischte Kräuter
- 1 EL Butter
- 400 g saure Sahne
- 100 g Semmelbrösel
- 2 Eier
- Salz, schwarzer Pfeffer
- geriebene Muskatnuß

**FÜR DIE SAUCE**

- 500 g passierte Tomaten
- Salz, schwarzer Pfeffer
- 1 TL Aceto balsamico

**AUSSERDEM**

- Mehl zum Bearbeiten
- Fett für das Blech
- 1 EL zerlassene Butter zum Bestreichen

1 Mehl mit Öl, Salz, Ei und 100 ml lauwarmem Wasser zu einem glatten Teig verkneten. In einer warmen Schüssel zugedeckt 30 Minuten ruhen lassen (siehe Kochtip).

2 Für die Füllung Zwiebeln schälen und fein würfeln. Kräuter waschen, trockenschütteln und hacken. 1 EL Butter in einer Pfanne erhitzen, die Zwiebeln darin glasig werden lassen. Kräuter dazugeben und kurz mitdünsten. In eine Schüssel geben und mit Sahne, Semmelbröseln sowie Eiern vermischen. Mit Salz, Pfeffer und Muskat würzen. Den Backofen auf 200 °C vorheizen.

3 Teig auf einem bemehlten Tuch zunächst so dünn wie möglich ausrollen, dann über den Handrücken so dünn ausziehen, daß er durchscheinend wird. Mit der Füllung bestreichen, dabei an den Rändern 2 cm freilassen. Ränder nach innen klappen, Teig von der Längsseite her aufrollen. Ein Blech einfetten und den Strudel darauf legen. Mit zerlassener Butter bestreichen und im Ofen (Gas 3; Umluft 180 °C) 45 Minuten backen.

4 Das Tomatenpüree erhitzen und mit Salz, Pfeffer sowie Aceto balsamico abschmekken. Separat zum Strudel servieren.

**Schritt 1**

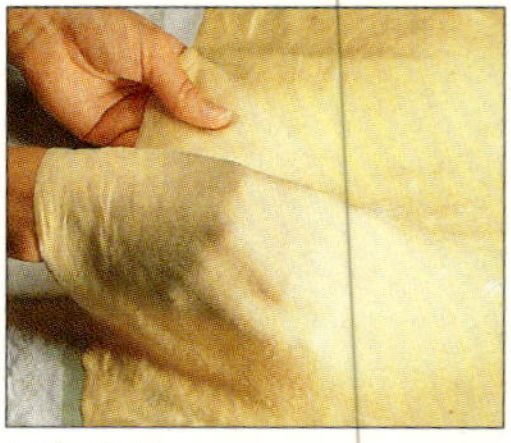

**Schritt 3**

**Schritt 3**

Zubereiten **1** Std. Backen **45** Min.
Pro Portion: 410 kcal/1720 kJ;
15 g EW; 17 g F; 50 g KH

## TYPISCH SCHWÄBISCH

**Bei dieser Strudelkreation vermischen sich die Kochkünste der Badener mit denen der Schwaben. Während letztere für ihre Speisen aus Nudelteig bekannt sind, stehen ihre badischen Nachbarn im Ruf, die raffinierteste Küche Deutschlands entwickelt zu haben – schließlich liegt Frankreich vor der Haustür!**

## Kochtip

Die Schüssel für den Teig am besten mit heißem Wasser anwärmen. Dann den Teig hineinlegen und mit einem feuchten Tuch abdecken, damit er während der Ruhezeit elastisch bleibt und nicht antrocknet. Oder den Teig vor dem Abdecken mit Öl einpinseln, was ebenfalls das Austrocknen verhindert.

## Serviertip

Als Dessert servieren Sie einen Vanille-Sahne-Pudding mit einem Salat aus frischen Erdbeeren und Minze.

Dazu schmeckt ein leichter deutscher Weißwein, zum Beispiel ein Silvaner aus Rheinhessen.

# MARINIERTER KALTER KALBSBRATEN

**SCHWEIZ**

*Er schmeckt so gut, daß er vermutlich sehr schnell »vergriffen« sein wird: dieser in dünne Scheiben geschnittene Kalbsbraten, der mit einer Petersilien-Rosmarin-Vinaigrette beträufelt ist.*

## ZUTATEN
(Für 6 Portionen)

- 700 g Kalbsnuß

**FÜR DEN SUD**
- 2 Bund Suppengrün
- ⅛ l trockener Weißwein
- 400 ml Kalbsfond (aus dem Glas)
- 4 frische Lorbeerblätter
- Salz, 5 weiße Pfefferkörner

**FÜR DIE MARINADE**
- 1 Bund Petersilie
- 4 Zweige Rosmarin
- 1½-2 EL Weißweinessig
- Salz, weißer Pfeffer
- 4 EL natives Olivenöl (siehe Zutatentip)

### ZUTATENTIP
Olivenöl gibt es in zwei Qualitäten. Am besten kaufen Sie beide: das »native Olivenöl extra« für kalte Gerichte und das »native Olivenöl« zum Kochen und Braten.

1 Das Suppengrün waschen, putzen und grob zerkleinern. Das Gemüse mit dem Wein, dem Kalbsfond und knapp 1 l Wasser in einen Topf geben. 2 Lorbeerblätter, die Pfefferkörner sowie Salz dazugeben und alles zum Kochen bringen.

Schritt 1

2 Das Kalbfleisch hineingeben und zugedeckt bei schwacher bis mittlerer Hitze etwa 1 Stunde leise sieden, jedoch nicht kochen lassen (siehe Kochtip). Das Fleisch im Sud erkalten lassen.

3 Für die Marinade die übrigen Lorbeerblätter, die Petersilie und den Rosmarin waschen, trockenschütteln, von den groben Stielen befreien und fein hacken. Den Essig mit 4 EL Kalbssud, Salz, Pfeffer und den Kräutern verrühren. Das Öl unterschlagen.

Schritt 3

4 Das Kalbfleisch abtropfen lassen und in sehr dünne Scheiben schneiden (siehe Kochtip). Auf eine Platte legen und mit der Marinade beträufeln. Vor dem Servieren mindestens 4 Stunden an einem kühlen Ort, allerdings nicht im Kühlschrank, marinieren.

Schritt 4

Zubereiten **15** Min. Garen **1** Std.
Marinieren **4** Std.
Pro Portion: 155 kcal/640 kJ;
19 g EW; 7 g F; 2 g KH

### TYPISCH SCHWEIZERISCH
Die Eidgenossen können stolz auf eine hochentwickelte Weinkultur blicken, die Karl der Große in der Schweiz begründet hat. Wein wird dort nicht nur gern getrunken, sondern verfeinert auch zahlreiche Speisen. Am bekanntesten sind die Rebsäfte aus dem Wallis, der Heimat des trockenen Weißweins Fendant.

## Kochtip

- Damit das Fleisch beim Garen nicht zäh wird, darf der Sud nicht sprudelnd kochen. Stellen Sie am besten ein Gefäß mit kaltem Wasser neben den Herd, und gießen Sie bei Bedarf immer etwas in den Topf.
- Je dünner die Fleischscheiben sind, desto besser nehmen sie das Aroma der Vinaigrette an.

## Serviertip

Servieren Sie dazu frisches Stangenweißbrot und eine Sauce aus 100 g püriertem Thunfisch und 100 g Mayonnaise.

Als Getränk paßt ein kräftiger Weißwein, typisch zu diesem Gericht ist der Schweizer Fendant.

**Serviertip** Vor diesem gehaltvollen Dessert eine leichte Gemüsesuppe oder gedämpften Fisch reichen.

Danach ein »Kleiner Brauner« (Kaffee mit Milch) mit Zuckerwürfeln und einem Glas Wasser.

# Quarkauflauf mit Marillensauce

Österreich

*Ein exquisites Dessert aus Österreich: Mit Eischnee verfeinerter Sahnequark wird mit Mandelblättchen bedeckt und goldbraun gebacken. Dazu passen die pürierten Marillen hervorragend.*

## ZUTATEN
(Für 4 Portionen)

**FÜR DEN TEIG**
- 1 unbehandelte Zitrone
- 500 g Sahnequark (siehe Zutatentip)
- 80 g Zucker
- 1 Pck. Vanillezucker
- 3 Eier, 1 Prise Salz
- 2 EL Mandelblättchen

**FÜR DIE SAUCE**
- 1 Dose Aprikosenhälften (235 g), 20 g Zucker
- 1 EL Marillenschnaps
- 1 Prise gemahlene Nelken

**AUSSERDEM**
- Fett für die Form

### Zutatentip
In Österreich wird »Rahmtopfen« verwendet, der noch fetter ist als Sahnequark. Geben Sie einfach noch 2 EL Sahne dazu, wenn Sie mögen.

1 Den Backofen auf 200 °C vorheizen. Die Zitrone heiß waschen und trockenreiben. Die Schale fein abreiben und 1 Zitronenhälfte auspressen. Den Quark mit 80 g Zucker, dem Vanillezucker, der Zitronenschale und dem Zitronensaft verrühren. Die Eier trennen.

Schritt 1

2 Die Eigelbe unter die Quarkmasse rühren. Die Eiweiße mit Salz steif schlagen und vorsichtig unter die Quarkmasse heben. Eine feuerfeste Form ausfetten. Den Teig hineinfüllen, glattstreichen und mit den Mandelblättchen bestreuen. Den Auflauf im Ofen (Gas 3; Umluft 180 °C) etwa 30 Minuten backen, bis er fest und leicht gebräunt ist.

Schritt 2

3 Inzwischen die Aprikosen abtropfen lassen und mit 20 g Zucker im Mixer pürieren. Mit dem Marillenschnaps und den gemahlenen Nelken abschmecken. Den Auflauf lauwarm oder kalt zusammen mit der Marillensauce servieren.

Schritt 3

Zubereiten **15** Min. Backen **30** Min.

Pro Portion: 450 kcal/1895 kJ;
20 g EW; 22 g F; 44 g KH

### Typisch österreichisch
In fast jedem kleinen Dorf in dem Alpenland gibt es Bauern, die Schnaps brennen. Doch auf den Markt kommen ihre Obstler aus Marillen und anderen Früchten, ihr Walnußgeist und Vogelbeerenschnaps nur selten. Zum Bedauern der Städter, denn die Qualität ist erste Klasse.

# KOPENHAGENER KÄSE-SCHINKEN-SALAT

**DÄNEMARK**

*In der Sommerfrische am Meer servieren die Dänen gern diese Salatkomposition aus Äpfeln, Gurken, Schinken und Käse. Die Zutaten harmonieren bestens mit der leichten Mayonnaise.*

## ZUTATEN
(Für 4 Portionen)

- 250 g Edamer
- 150 g gekochter Schinken
- 1 kleine Gärtnergurke
- 2 Gewürzgurken
- 2 Frühlingszwiebeln
- 2 säuerliche, rote Äpfel (siehe Zutatentip)
- 1½ EL Zitronensaft
- Salz, schwarzer Pfeffer

**FÜR DIE MAYONNAISE**

- 1 kleines, sehr frisches Eigelb (siehe Kochtip)
- ½ TL mittelscharfer Senf
- 75 ml Sonnenblumenöl
- 100 g Joghurt (3,5% Fett)

**AUSSERDEM**

- Salatblätter zum Auslegen
- 2 EL Mandelblättchen

### ZUTATENTIP

Verwenden Sie feste, rotschalige Äpfel, etwa Cox Orange, Gala, Gloster oder Jonathan.

1 Käse und Schinken in ½ cm große Würfel schneiden. Gurke schälen und der Länge nach halbieren. In feine Scheiben schneiden. Gewürzgurken fein würfeln.

2 Frühlingszwiebeln waschen, putzen und mit dem zarten Grün in feine Ringe schneiden. 1 Apfel schälen, 1 Apfel nur gut waschen und trockenreiben. Beide Äpfel vierteln und vom Kerngehäuse befreien, dann in schmale Spalten schneiden und sofort mit Zitronensaft beträufeln.

Schritt 2

3 Die zerkleinerten Zutaten locker miteinander mischen und mit Salz und Pfeffer würzen. Salatblätter waschen und trockentupfen. In eine Schüssel oder auf Teller geben, den Käsesalat darauf verteilen.

Schritt 3

4 Für die Mayonnaise Eigelb mit Senf und Salz verrühren. Öl in einem dünnen Strahl unter ständigem Schlagen zufließen lassen. Rühren bis eine dickflüssige Mayonnaise entstanden ist. Diese mit dem Joghurt verrühren und abschmecken. Die Mayonnaise über den Salat verteilen und nach Belieben mit Mandelblättchen bestreuen.

Schritt 4

Zubereiten 25 Min.
Pro Portion: 515 kcal/2155 kJ; 25 g EW; 42 g F; 8 g KH

### TYPISCH DÄNISCH

Mittagszeit ist »Frokost«-Zeit in Dänemark, was wörtlich übersetzt »Frühstück« bedeutet. Dazu werden kleine, meist kalte Leckereien eingenommen, etwa Smørrebrød, Fischhappen, knallrote Pølser – eine Art dänisches Wiener Würstchen – und deftige Salate, die Lokale oft auf reichhaltigen Büfetts anbieten.

## Kochtip

Eier, die roh gegessen werden, müssen ganz frisch sein – so haben Salmonellen keine Chance. Schauen Sie deshalb immer auf das Verpackungsdatum, das angegeben sein muß. Frische Eier halten sich zu Hause im Kühlschrank etwa 2 Wochen. Mayonnaisereste keinesfalls länger als 2 Tage gekühlt aufbewahren.

## Serviertip

Stellen Sie einen Korb mit einer Auswahl an Brotsorten und leicht gesalzene Butter auf den Tisch.

Als Getränk schmeckt Bier zwar am besten, aber eine Apfelsaftschorle paßt auch sehr gut dazu.

# SALAT 3 x ANDERS

*Raffiniert gewürzt zieren diese saftigen Salate jedes Büfett. Sie eignen sich aber auch als Auftakt für ein festliches Menü.*

## GEMÜSESALAT MIT KOKOSSAUCE

Zubereiten **35** Min.

### INDONESIEN

**(FÜR 4 PORTIONEN)**

- 300 g grüne Bohnen
- 150 g Sojabohnenkeime
- 150 g frische Maiskölbchen
- Salz
- 2 Tomaten
- ½ Chinakohl
- 1 kleine Salatgurke

**FÜR DIE SALATSAUCE**

- 1-2 cm frische Ingwerwurzel
- 2 Knoblauchzehen
- 200 g Kokosmilch
- 2 TL Zitronensaft
- 1-2 EL Sojasauce
- Sambal oelek

1 Bohnen waschen, putzen, entfädeln und halbieren. Keimlinge und Maiskölbchen kalt abspülen. Reichlich Salzwasser zum Kochen bringen. Grüne Bohnen 5-7 Minuten darin blanchieren, dann kurz in eiskaltes Wasser tauchen. Maiskölbchen und Keimlinge 2 Minuten blanchieren und ebenfalls kalt abschrecken.

2 Tomaten waschen und kleinwürfeln. Chinakohl waschen, putzen und in feine Streifen schneiden. Gurke schälen, längs halbieren und die Kerne mit einem Löffel herauskratzen. Gurke würfeln.

3 Ingwer schälen und grob hacken. Knoblauch schälen und ebenfalls grob zerkleinern. Beides mit der Kokosmilch im Mixer oder der Küchenmaschine fein zerkleinern. Mit Zitronensaft und Sojasauce verrühren, mit Salz und Sambal oelek nach Belieben würzen. Gemüse mit der Sauce mischen.

## SCHNI'
## MIT ORANGE.

Zubere

### KARIBIK

**(FÜR 4 PORTIONEN)**

- 300 g Schweineschnitzel
- Salz, schwarzer Pfeffer
- 1 EL Öl
- 1-2 rote Zwiebeln
- 1 Papaya, 1 Avocado
- 1 EL Zitronensaft
- 1 Tomate

**FÜR DIE SALATSAUCE**

- Saft von 1 Orange
- 1 EL Apfelessig
- 1 EL Öl
- 2 EL feingehackte Minze
- Salz, 1 TL brauner Zucker
- 1 Prise Chilipulver
- 50 g Mandelblättchen

**AUSSERDEM**

- Salatblätter zum Anrichten
- Minze zum Garnieren

## .SALAT .INZE-DRESSING

Min.

1 Fleisch salzen und pfeffern. 1 EL Öl in einer Pfanne erhitzen und das Fleisch von jeder Seite 2-3 Minuten braten. Dann in Würfel schneiden.

2 Zwiebeln schälen und würfeln. Papaya und Avocado schälen, halbieren und entkernen beziehungsweise entsteinen. Beides kleinwürfeln. Avocado mit Zitronensaft beträufeln. Tomate waschen, würfeln.

3 Orangensaft mit Essig, 1 EL Öl und Minze verrühren. Mit Salz, Zucker und Chilipulver abschmecken. Fleisch, Papaya, Avocado, Tomate, Zwiebeln und Mandeln untermischen. Salat waschen, trockentupfen und eine Schüssel damit auslegen. Salat darauf anrichten und mit Minzeblättchen garnieren.

## Spinatsalat mit Ziegenkäse

Zubereiten **30** Min.

### USA

**(FÜR 4 PORTIONEN)**
- 200 g junger Blattspinat
- 75 g Bacon (Frühstücksspeck)

**FÜR DIE SALATSAUCE**
- 3-4 Zweige frischer Thymian
- 1 EL Rotweinessig
- Salz, schwarzer Pfeffer
- 2 EL Olivenöl
- 4 kleine, runde Ziegenkäse (z. B. Crottin; ersatzweise dünne Scheiben von einer Ziegenkäserolle)

1 Spinat verlesen und in stehendem, kaltem Wasser mehrmals gründlich waschen. Sehr gut abtropfen lassen oder trockenschleudern. Bacon in kleine Würfel schneiden und in einer Pfanne ohne Fett unter Rühren bei mittlerer Hitze knusprig braten. Dann herausnehmen. Thymian waschen und trockenschütteln. Die Blättchen von den Stielen zupfen.

2 Essig mit Salz und Pfeffer verrühren. Öl nach und nach dazugeben und mit dem Schneebesen cremig verrühren. Thymian untermischen. Backofengrill vorheizen.

3 Ziegenkäse in eine feuerfeste Form legen und im Ofen etwa 5 Minuten grillen, bis sie leicht braun sind.

4 Spinat mit Sauce mischen und auf Tellern anrichten. Mit dem Speck bestreuen und jeweils 1 Ziegenkäse in die Mitte setzen.

# HIMBEER-KALTSCHALE »TALLINN«

**ESTLAND**

*Wenn die Temperaturen steigen, wächst der Appetit auf etwas Erfrischendes. Diese mit Sahne veredelte Sommerbeerensuppe läßt sich – auch für viele Partygäste – wunderbar vorbereiten.*

## ZUTATEN
(Für 4 Portionen)

- 200 g schwarze oder rote Johannisbeeren (siehe Zutatentip)
- 300 g Himbeeren
- ⅛ l trockener Rotwein oder ungesüßter Himbeersaft
- 75 g Zucker
- ½ unbehandelte Zitrone
- 150 g Schlagsahne
- 1 Prise gemahlener Zimt
- ½ Pck. Vanillezucker

**AUSSERDEM**

- Himbeeren und Minzeblättchen zum Garnieren

### ZUTATENTIP

Schwarze Johannisbeeren sind besonders aromatisch und gesund. Sie enthalten ausgesprochen viel Vitamin C und zahlreiche Mineralstoffe. Wenn Sie rote nehmen, brauchen Sie etwa 100 g Zucker, da sie saurer sind.

1 Johannisbeeren waschen und mit einer Gabel von den Stielen streifen. Himbeeren verlesen und nur falls unbedingt nötig, vorsichtig waschen. Gut abtropfen lassen. Himbeeren von den Stielansätzen befreien.

Schritt 1

2 Himbeeren mit einem Löffel durch ein feines Sieb in eine Schüssel streichen. Johannisbeeren mit dem Wein oder dem Himbeersaft und ⅛ l Wasser in einem Topf zum Kochen bringen. Zucker dazugeben und die Beeren zugedeckt 10 Minuten bei mittlerer Hitze köcheln lassen.

Schritt 2

3 Johannisbeeren im Topf mit dem Stabmixer pürieren und anschließend durch ein feines Sieb streichen (siehe Kochtip). Abkühlen lassen und mit den passierten Himbeeren vermischen.

4 Zitrone heiß waschen und trockenreiben. Die Schale fein abreiben. Zitrone auspressen. Die Hälfte der Sahne unter die Suppe rühren, Suppe mit Zitronenschale und -saft sowie Zimt abschmecken. Restliche Sahne mit Vanillezucker halbsteif schlagen. Suppe in Teller verteilen, Sahne darauf geben. Nach Belieben mit Himbeeren und Minze garniert servieren.

Schritt 4

Zubereiten **20** Min. Garen **10** Min.
Pro Portion: 280 kcal/1180 kJ;
3 g EW; 12 g F; 34 g KH

### TYPISCH ESTLÄNDISCH

In dem nördlichsten der drei baltischen Staaten haben Beeren einen Stellenwert wie bei uns Äpfel. Allerlei Landesspezialitäten werden aus ihnen bereitet, zum Beispiel Liköre, Weine und Marmeladen. Die beliebteste Frucht ist die Moosbeere, die in den Hochmooren wächst und als »Weintraube des Nordens« gilt.

## Kochtip

- Kerne und Schalen der Johannisbeeren bleiben beim Passieren im Sieb zurück, und die Suppe wird dadurch samtiger. Wen die Kerne nicht stören, der püriert die Johannisbeeren mit dem Stabmixer.
- Wer es mag, aromatisiert die Kaltschale mit einem Gläschen Himbeergeist oder Johannisbeerlikör.

## Serviertip

Reichen Sie die Suppe als Dessert nach einer bunten Platte aus frischem und gedünstetem Gemüse mit Joghurt-Dip.

Prickelnd ist ein »Kir Royal« aus Crème de Cassis (Johannisbeerlikör) und trockenem Champagner.

# ZIEGENKÄSE IM GEMÜSENEST

**RUMÄNIEN**

*Diese Creme aus frischem Ziegenkäse und Gartenkräutern ist ein pikanter Imbiß, der auf der Zunge zergeht. Das dekorative »Nest« aus Gemüse schmeckt ebensogut, wie es aussieht.*

## ZUTATEN
(Für 4 Portionen)

**FÜR DIE KÄSECREME**
- 1 kleine Zwiebel
- 1 Bund Schnittlauch
- 1 Bund Petersilie
- 250 g Ziegenfrischkäse (siehe Zutatentip)
- 50 g weiche Butter
- 1 EL edelsüßes Paprikapulver, Salz
- ½ TL gemahlener Kümmel

**FÜR DAS GEMÜSENEST**
- 2 Tomaten
- 1 Fenchelknolle
- 1 Bund Radieschen
- 50-100 g schwarze Oliven

### ZUTATENTIP
Neben den kräftigen, aus reiner Ziegenmilch hergestellten Sorten gibt es auch milderen Käse, der aus Ziegen- und Kuhmilch besteht. Wählen Sie eine Käsesorte Ihres Geschmacks.

1 Zwiebel schälen und in kleine Würfel schneiden. Die Kräuter waschen und trockenschütteln. Schnittlauch in Röllchen schneiden. Die Petersilienblättchen von den Stengeln zupfen, einige Blättchen beiseite legen, die restlichen fein hacken.

Schritt 1

2 Den Frischkäse in einer Schüssel mit der Butter, der Zwiebel und den zerkleinerten Kräutern verrühren. Mit edelsüßem Paprikapulver, Salz und Kümmel würzen. Die Käsecreme auf einer großen Platte anrichten.

Schritt 2

3 Die Tomaten waschen und in dünne Scheiben schneiden. Den Fenchel waschen, putzen, der Länge nach vierteln und vom Strunk befreien und längs in feine Streifen schneiden. Die Radieschen waschen, putzen, von den Stielen befreien und in sehr feine Scheiben schneiden.

Schritt 3

4 Tomaten, Fenchel und Radieschen mit den Oliven dekorativ um die Käsecreme legen und mit Petersilienblättchen garnieren.

Zubereiten **20** Min.
Pro Portion: 340 kcal/1435 kJ;
15 g EW; 24 g F; 5 g KH

### TYPISCH RUMÄNISCH
In jüngster Zeit setzt die rumänische Landbevölkerung wieder sehr stark auf Selbstversorgung: So wird Gemüse vorwiegend im eigenen Garten angebaut. Viehhaltung jedoch – vor allem Schweine, Kühe, Schafe sowie Ziegen – und der Verkauf von Milch und Käse bleibt weiterhin den Bauern vorbehalten.

## KOCHTIP

- Probieren Sie die Ziegenkäsecreme einmal als Begleiter zu jungen Pellkartoffeln, und bereiten Sie aus dem Gemüse einen Salat mit Vinaigrette zu. So ergibt sich daraus eine vollwertige Mahlzeit.
- Wer Fenchel nicht mag, nimmt statt dessen Gurkenscheiben oder Frühlingszwiebelringe.

## SERVIERTIP

Dazu schmeckt ein kräftiges, nicht zu helles Bauernbrot mit Butter, Salz und Pfeffer aus der Mühle.

Als Getränk empfiehlt sich ein frischer Rosé, eine Weißweinschorle oder ein gut gekühltes Helles.

# Gefüllte Kohlrabi mit Hackfleisch

**Ungarn**

*Preiswert und lecker zugleich: Erntefrische, junge Kohlrabi erhalten eine rustikale Füllung aus Hackfleisch, die durch Bohnenkraut und Speckwürfel außergewöhnlich würzig ist.*

## ZUTATEN
(Für 4 Portionen)

- 8 mittelgroße Kohlrabi
- Salz

**FÜR DIE FÜLLUING**

- 1 altbackenes Brötchen
- 1 Zwiebel
- ½ Bund Bohnenkraut
- 50 g durchwachsener Räucherspeck
- 250 g Schweinehackfleisch (siehe Zutatentip), 1 Ei
- Salz, weißer Pfeffer
- 1 TL scharfes Paprikapulver

**AUSSERDEM**

- 2 EL Butterschmalz
- ¼ l Fleischbrühe
- 4 EL saure Sahne

### Zutatentip

Schweinehackfleisch macht die Füllung besonders saftig. Wer lieber etwas fettärmer ißt, nimmt gemischtes Fleisch oder Rinderhackfleisch.

1 Kohlrabi schälen. Salzwasser zum Kochen bringen und die Kohlrabi darin in etwa 15 Minuten halbweich kochen. Das Gemüse mit einem scharfkantigen Löffel oder Kugelausstecher aushöhlen, dabei einen etwa 1 cm breiten Rand stehen lassen (siehe Kochtip).

Schritt 1

2 Die Brötchen in lauwarmem Wasser einweichen und gut ausdrücken. Zwiebel schälen und sehr fein hacken. Das Bohnenkraut waschen, trockenschütteln, die Blättchen von den Stielen streifen und hacken. Den Speck von Schwarte und Knorpeln befreien und in kleine Würfel schneiden.

Schritt 3

3 Brötchen, Bohnenkraut, Zwiebel und Speck mit dem Hackfleisch und dem Ei vermischen. Mit Salz, Pfeffer und Paprikapulver abschmecken. Vom Kohlrabifleisch 1 EL fein hacken und untermischen. Die Hackfleischmasse in die Kohlrabi füllen.

Schritt 3

4 Schmalz in einem weiten Topf erhitzen. Kohlrabi hineinsetzen, Brühe angießen und zugedeckt bei mittlerer Hitze in etwa 30 Minuten weich dünsten. Kohlrabi herausnehmen und warm halten. Sauce mit der Sahne verrühren, bei mittlerer Hitze sämig einkochen lassen. Zu den Kohlrabi servieren.

Zubereiten **30** Min. Garen **45** Min.
Pro Portion: 430 kcal/1790 kJ;
19 g EW; 32 g F; 15 g KH

### Typisch ungarisch

Zwiebeln zählen zu den Hauptzutaten in ungarischen Kochtöpfen. Besonders gern werden sie roh als Salat zu Gegrilltem gereicht, gedünstet, gebraten oder gefüllt. Rund um die Stadt Makó im südöstlichen Landesteil liegt Ungarns größtes Zwiebelanbaugebiet. Von dort »reist« das Gemüse in viele europäische Länder.

## Kochtip

Das ausgehöhlte Kohlrabifleisch können Sie in die Sauce geben und mitgaren. Es ist aber auch eine gute Basis für eine feine Cremesuppe: Pürieren und mit Kalbs- oder Gemüsefond aus dem Glas und 100 g Crème fraîche vermischen. Erhitzen, mit Salz, Pfeffer, Muskat sowie etwas Zitronensaft abschmecken.

## Serviertip

Passender Begleiter: Kartoffelpüree mit gerösteten Semmelbröseln und gehackter glatter Petersilie bestreut.

Reichen Sie dazu einen roten Traubensaft mit Eiswürfeln, den Sie mit Mineralwasser aufgießen.

# Küchen-Lexikon

*Außer einigen Tips, die Ihnen beim Zubereiten der Gerichte helfen sollen, finden Sie hier auch wichtige Informationen zu den Zutaten.*

## Ananas

Die köstliche Frucht mit dem unverwechselbaren Aroma wird vorwiegend roh gegessen. Am besten schmeckt sie, wenn ihre Schuppen besonders ausgeprägt sind und die Schale eine rotbraune Farbe hat. Neben vielen Vitaminen enthält die rohe Ananas ein verdauungsförderndes Ferment, das allerdings durch Erhitzen zerstört wird.

## Artischocke

Zwar beträgt der eßbare Anteil von Artischokken nur etwa 20 %, aber das Wenige ist eine Delikatesse. Ursprünglich wuchsen sie nur im Mittelmeerraum, heute werden Artischocken in allen gemäßigten Zonen der Welt angebaut und sind daher auch ganzjährig erhältlich. Kochen Sie die Artischocken in reichlich Wasser, dem Sie den Saft einer Zitrone oder etwas Essig zugefügt haben – aber nie in Töpfen aus Aluminium, denn darin verfärben sie sich grau-schwarz.

## Nüsse & Kerne

***Cashewkerne***
*Angebaut werden sie vorwiegend in Indien und Südamerika, wo sie in den Landesküchen in vielen Gerichten vorkommen.*

***Erdnüsse***
*Im Handel sind sie entweder getrocknet in der Schale oder bereits geschält und gesalzen als Snack zu haben. Hauptsächlich werden Erdnüsse jedoch industriell verarbeitet: für Süßwaren, zu Margarine, Speiseöl und Erdnußbutter.*

***Haselnüsse***
*Bei uns wachsen sie zwar wild, im Handel aber gibt es nur die aus der Türkei und Spanien eingeführten Haselnüsse. Sie finden in der Süß- und Backwarenherstellung ihren Hauptverwendungszweck.*

***Mandelkerne***
*Süße Mandeln werden je nach Verwendungszweck geschält, gesalzen, ungeschält, gehackt oder gemahlen angeboten.*

***Pinienkerne***
*Das sind die Samen der für Mittelmeerländer charakteristischen Schirmpinie. Sie kommen in der orientalischen und der Mittelmeerküche in Süßspeisen, aber auch in pikanten Gerichten vor.*

***Pistazien***
*Sie wachsen im Vorderen Orient und gehören zu den teuersten Nüssen. Geröstet und gesalzen sind sie ganzjährig zu haben.*

## Avocado

Der Hauptlieferant der Avocadofrüchte für den europäischen Markt ist Israel. Die dort angebauten Sorten sind inzwischen das ganze Jahr über erhältlich. Das hellgrüne Fruchtfleisch der Avocado enthält neben 27 % Öl, das auch zur Herstellung von kosmetischen Cremes verwendet wird, viele wertvolle Vitamine und Mineralstoffe.

## Frühlingszwiebeln

Die flachrunde, weiße Zwiebel, von der auch das Blattgrün mitgegessen wird, gehört zu den ältesten und feinsten Zwiebelarten. Sie ist nicht nur im Frühling, sondern während des ganzen Jahres erhältlich. Als Frühlingszwiebeln werden auch Lauchzwiebeln bezeichnet, die jedoch keine dicken Zwiebeln ausbilden.

## Kreuzkümmel

Zwar sieht er Kümmel zum Verwechseln ähnlich, schmeckt aber eher pfeffrig und etwas bitter.

## Garmethoden

***Blanchieren***
*Gemüse mit siedendem Wasser übergießen oder kurz in siedendes Wasser tauchen.*

***Dämpfen***
*Fisch, Gemüse oder Geflügelteile in einem Dämpfeinsatz im heißen Wasserdampf garen.*

***Dünsten***
*Gemüse, Fisch oder Geflügel bei geringer Temperatur in beschichteten Töpfen im eigenen Saft, im normalen Kochgeschirr in Fett oder wenig Flüssigkeit garen.*

***Gratinieren***
*Ein Gericht bei starker Oberhitze überbacken, so daß eine braune Kruste entsteht.*

***Grillen***
*Gemüse, Fisch, Geflügel oder Fleisch auf einem Rost braten. Das geht mit einer Heizspirale im Backofen oder über Holzkohlenglut auf einem Gartengrill. Bei der Holzkohle geben außerdem die Röststoffe auf das Grillgut über, und es bekommt so seinen typischen rauchigen Geschmack.*

Er wird vor allem in der indischen und der süd- und mittelamerikanischen Küche verwendet. Er gibt Gerichten dieser Küche einen eigenen unverwechselbaren Geschmack.

## Minze

Die stark duftenden, scharf schmeckenden Blätter werden frisch oder getrocknet vorwiegend zur Teebereitung verwendet. In der indischen, arabischen und der englischen Küche ist Minze ein beliebtes Küchenkraut.

## Oliven

Die grünen Oliven werden unreif geerntet und nach einer Gärung in Salzlauge mit Gewürzen eingelegt oder mit Paprika, Sardellen oder Mandeln gefüllt. Schwarze Oliven werden vollreif geerntet, und ihr Geschmack hängt sehr von der Bodenbeschaffenheit ab. Kenner schätzen besonders die kleine, grüne Manzanilla aus Spanien und die schwarze Calamato aus Griechenland.

## Olivenöl

Früher wurde Olivenöl zunächst kalt und dann weitere Male unter Wärmezufuhr gepreßt. Heutzutage gibt es nur noch eine hydraulische und zwar kalte Pressung. Die verschiedenen Qualitäten und Geschmacksrichtungen des Olivenöls werden von Land und Lage, Klima und Reifegrad der Frucht bestimmt. Im Handel gibt es zwei Sorten: »natives Olivenöl extra«, das Sie am besten für Salatsaucen und zum Marinieren verwenden, sowie »natives Olivenöl«, das sich zum Kochen und Braten eignet.

## Senf

Die Würzpaste war schon in der Antike bekannt; im alten Griechenland galt der Senf von der Insel Zypern als der beste. Er wird aus den Samen der Senfpflanze, Essig und Gewürzen hergestellt. Deutscher Senf schmeckt scharf, mild oder süß. Französischer Senf ist sehr würzig und englischer besonders scharf.

## Tomaten

Am besten schmecken sie sonnengereift und frischgepflückt. Runde Salattomaten munden wegen ihres kräftigen Geschmacks am besten roh auf Brot oder in Salaten; Cocktailtomaten sind süß und lassen sich gut mit Käse kombinieren, Fleischtomaten schmecken mild und eher säuerlich.

Sie eignen sich besonders gut für Saucen, Suppen und zum Füllen.

## Tortilla

So heißt das spanische Omelett, das mit Kartoffeln, Gemüsen oder Meeresfrüchten zubereitet wird. In Mexiko nennt man in der Pfanne gebackene Brotfladen aus Weizen- oder Maismehl Tortillas. Wenn sie gebraten und gefüllt sind, heißen sie Tacos.

# Menüvorschläge

*Ob gegrillt, mariniert oder überbacken – leicht muß es sein, wenn die Temperaturen steigen. Hier sind die schönsten Sommer-Menüs, mit denen Sie Ihre Familie erfreuen können.*

# Rezeptregister



***Impressum***


***Rezepte:*** Cornelia Schinharl
***Illustrationen:*** Beate Brömse

**Bildnachweis**
**Alle Titel- und Rezeptfotos:**
Meister Verlag/International Masters Publisher B.V.

**Einleitung:** 4 Bilderberg, Ginter; 4 Das Fotoarchiv, Schwerberger; 4 White Star, Gaul; 4/5 Helga Lade; 5 Photopress, Rordorf; 5 Schapowalow; Huber; **Fotos zu den »Typisch-Abschnitten«:** 6 Anzenberger, Giaccone; 8 Magazin; 11 Das Fotoarchiv, Hollenbach; 12 Das Fotoarchiv, Tack; 14 Look, Acquadro; 17 Bilderberg, Bossemeyer; 18 Das Fotoarchiv, Schmidt; 20 Das Fotoarchiv, Schwerberger; 22 Das Fotoarchiv, Riedmiller; 24 Schapowalow, Reichelt; 28 Silvestris, Janicek; 31 White Star; 32 Bilderberg, Ginter; 34 Das Fotoarchiv, Korniss; 36 Bilderberg, Kunz; 38 Schapowalow, Moser; 41 Focus, Smith; 42 Silvestris, Rosing; 44 Das Fotoarchiv, Hollenbach; 46 Look, Acquadro; 49 Ulrich Kerth; 50 Anzenberger, Giaccone; 54 Schapowalow, Huber; 56 Schapowalow, Stepan; 58 Reinhard;




Reproduktionen Meyle+Müller GmbH+Co., Pforzheim
Computer to plate: S-B-P-S GmbH Kirchberg
Druck und Weiterverarbeitung: Sebald Sachsendruck Plauen





ISBN 3-88477-023-3